世界標準のストロークは「振り子」と「直線」に分かれる

【振り子ストローク】
腕とパターを振り子のように動かすストローク
【直線ストローク】
インパクトゾーンでヘッドを直線的に動かすストローク

2大ストローク
「振り子」と「直線」ってなに？

【振り子ストローク】Pendulum《ペンデュラム》

振り子ストロークの軌道はイン・トゥ・イン。左右対称の円弧を描く

世界の一流選手のパッティング・ストロークは2つのタイプに分かれる。ひとつは腕とパターを振り子のように動かすストローク。もうひとつはパターを直線的に動かしてヘッドと手元をフォローで真っすぐ出すストロークだ。それぞれに長所があるが、大事なことはどちらのタイプでもパターの動きや角度を理想値に近づけること。自分の適正タイプを確認して(方法はP105〜)“入るパット”をマスターしよう。

【直線ストローク】Brush《ブラッシュ》

スクエアフェースをキープしたまま、ターゲットラインを直線的になぞる

【軌道とブロー角】

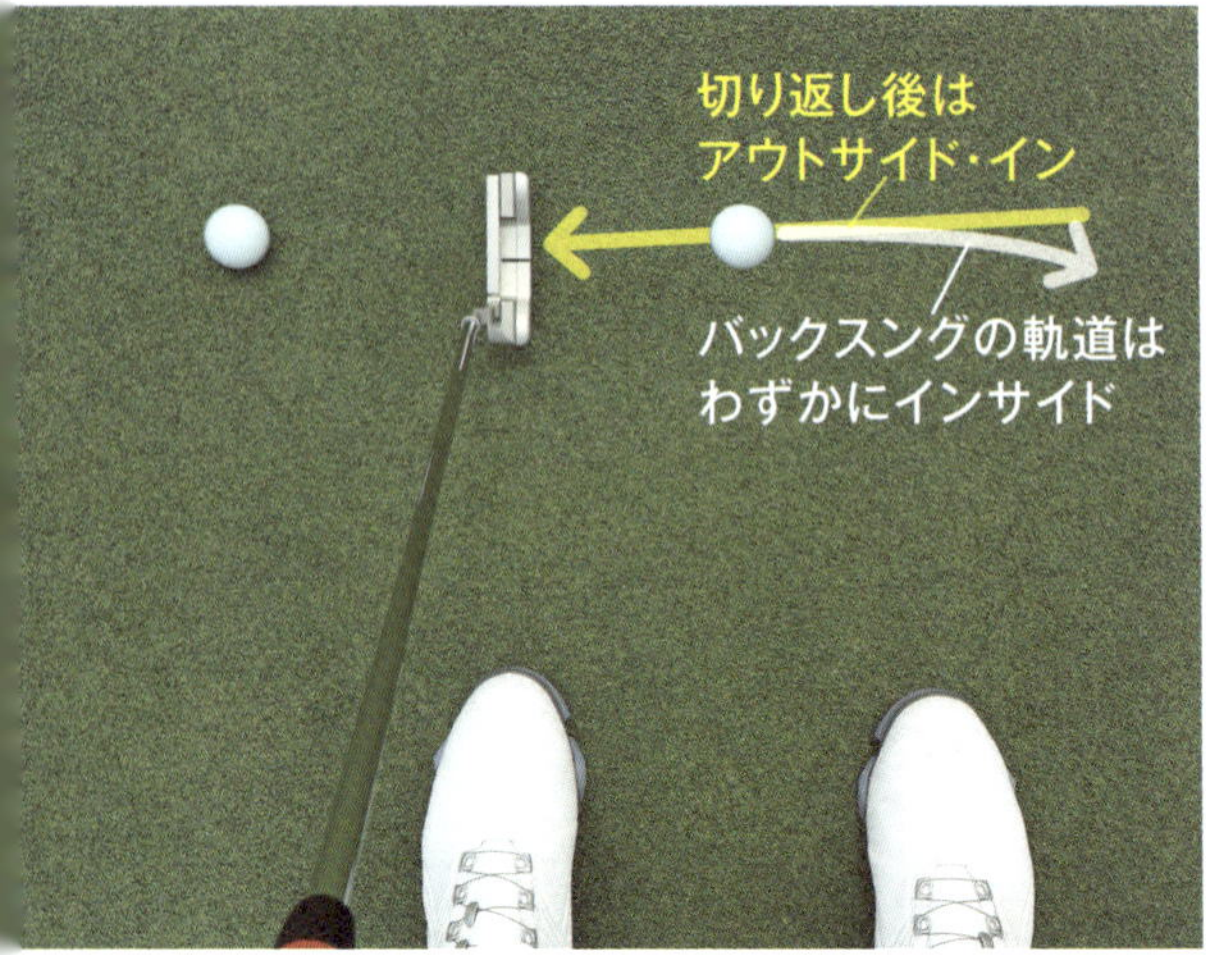

ヘッド軌道は0.7度左方向

ブロー角は2.8度のアッパー

欧米のパッティング指導はデータを非常に重んじる。パターの動きや角度を可視化、数値化して活用するロジカルなティーチングは、一流選手を納得させる確かな材料がベースにあり、効果も絶大だ。動きを理想値に近づけることで、右肩上がりのレベルアップが実現する。

「入る！」パットはデータありき！

※解析器によるPGAツアー選手のデータ

【インパクト】

フェースアングルは
0.32度オープン

打点は1.6ミリトウ側

わずかなハンドファーストで
シャフトの角度が0.07度立つ

カップを43センチオーバーさせると一番入る

ボールがカップを過ぎて 43センチ未満で 止まる強さは、 不確定な芝の影響を 受けるので 入る確率が下がってしまう

3.6メートルの距離で7.5センチ曲がるパットを正しいラインに沿って打ったとき、もっとも入る確率が高いのはカップを43センチオーバーする強さ。つまり、カップを43センチオーバーさせる距離感を身につけることが大事だと、実験データで証明されている。

正しい構えと方向性は「アイライン」(目線)で決まる

本書の肝のひとつが「アイライン」(目線)の取り方。ターゲットラインと両眼を結んだラインを「地面と平行」「同じ角度」に合わせると、アドレスもストロークもレベルアップする。

アイラインと
ターゲットラインをそろえるのは、
入るパットの絶対条件！

体重配分は前後も左右も5対5

体重移動を行わないパッティングで、疎かになりがちなのが体重配分。前後左右の配分は5対5でなくてはいけない。この比率が変わるとアイラインもズレてしまうので、アライメントやストロークがブレる。

カカト
5
ツマ先
5

顔の向きは地面と正対させる

アドレスで、顔の向きを意識したことがあるだろうか？　顔が傾くとアイラインのズレが起こる。また、下目にボールを見るのもNG。顔は軸に沿って真っすぐ、地面と正対させて構える。

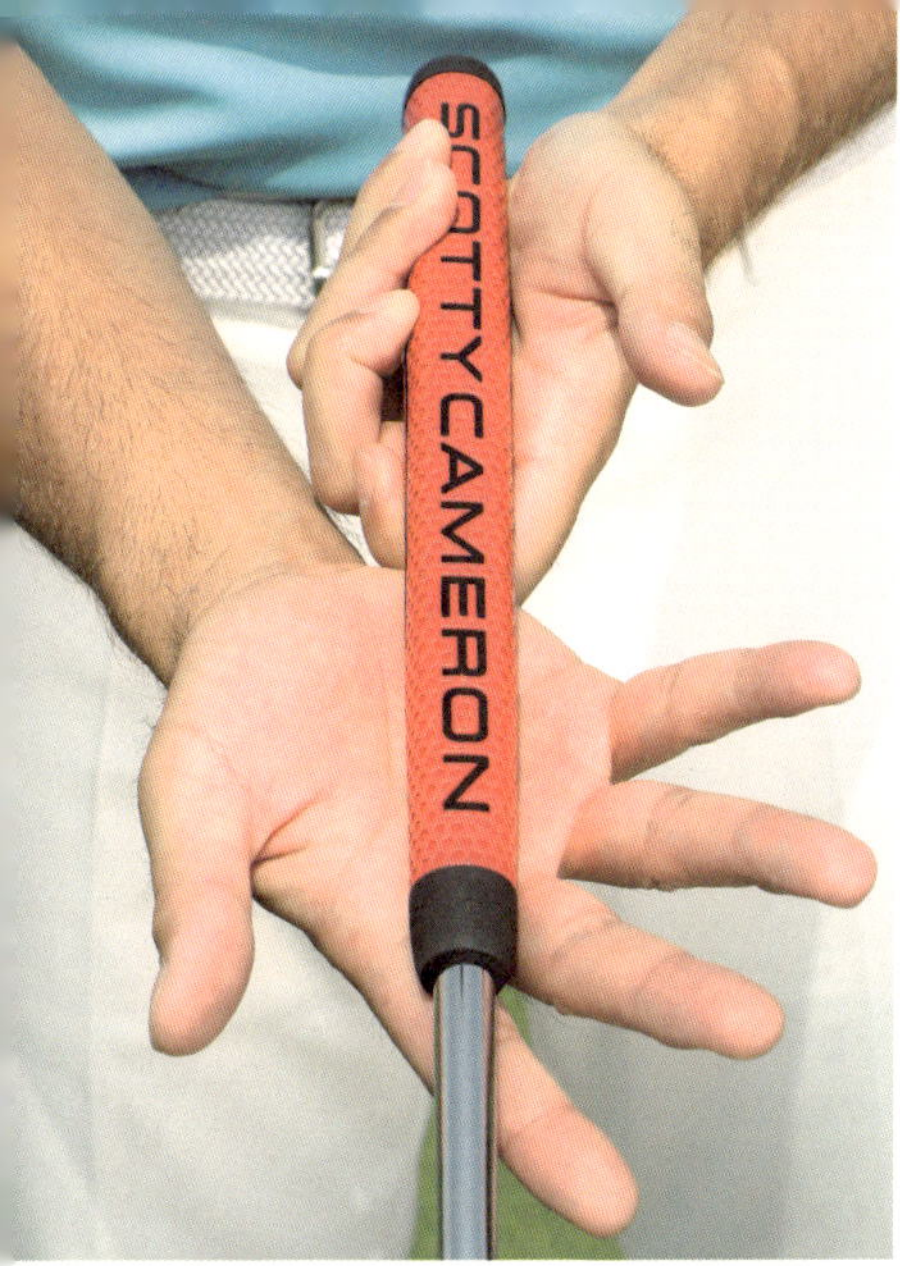

グリップは手のひらの生命線に沿える

グリップにはさまざまな握り方があるが、両手ともグリップを生命線にピタッと合わせるパープグリップが一番理にかなっている。グリップと手の平に隙間ができないように握る。

パームで握るとパターとカラダに一体感が出る。
距離感に関係する大切なポイントだ

4度アッパーブローで振り抜く

振り子でも直線ストロークでも、インパクト後の正しいヘッド軌道はアッパーブロー。解析されたデータの理想値は4度のアッパーだ。この角度で、ボールのコロがりがスムーズになる。

テンポが「ていねいでゆっくり」はダメ

ヘッドの真芯で正確にヒットし、かつフェースがブレないようにするためには、ストロークのテンポが大切だ。「ていねいでゆっくり」はNG。フィニッシュまでヘッドを等速でスムーズに動かしやすいテンポが理想だが、パットが苦手な人はダウンスイングで加速させるイメージが有効。

ストローク中は ボールがコロがる姿を イメージする

ストロークはメカニカルに動くことが重要だが、いざストロークに入ってからはカラダやパターの動きは意識しない。ボールがコロがるスピードやラインに乗っていく様子など、ボールの姿をイメージしながら振ろう。

ロジカル・パッティング

世界標準 シングルになれるパット術

ゴルフスイング・コンサルタント
吉田洋一郎 著
Hiroichiro YOSHIDA

LOGICAL PUTTING

はじめに

パットを打つとき、あなたはとにかく入ればいいという「結果」を求めるタイプでしょうか？　それとも入れるための「プロセス」を重視するタイプでしょうか？　この考え方の違いは、パッティング技術向上に大きな影響を与えます。

私は選手時代、パッティングが最大の弱点でした。3メートルのバーディチャンスにつけても、パットが入らない。何度もチャンスを逃すうちにグリーンを外し、アプローチで寄せた1メートルのパットを外してしまう……。そんなフラストレーションのたまるラウンドを繰り返していました。

なんとか打破しようと、パッティングに関するありとあらゆる方法を試しました。本やビデオを参考にし、著名なコーチの指導も受けました。しかし、レベルが向上することはなく、結局、選手生活を終えるまで苦手意識が払拭されることはありませんでした。

こうした経験をしてきたためか、コーチになってからも「パッティングは、どうせ才能や感性の問題なのだろう」と思っていました。いや、そう思い込もうとしていたのかもしれません。そうしないと、自分自身を正当化できなかったのです。

しかし、そんな考えは、初めての渡米で受講した「デーブ・ペルツ　スコアリングゲーム・スクール」で変わりました。3日間で30万円もする高額なパッティング専門レッスンは、まずプレゼンテーションを中心とした座学が行われ、技術項目ごとに検証結果に基づいたデータを使って、パッティングに影響を与える要素について説明がなされました。その後、インドアで技術改善のための練習器具を使ったレッスンを受け、基本的な感覚を習得します。最後にグリーンでボールを転がし、感覚をつかむという流れです。

そこでは、実験によって導き出された最も確率の高い方法が用いられ、パッティングのメカニックの改善がパフォーマンスを向上させるということが強調されていました。私の頭の中にあった従来のレッスンとは大きく異なり、「なぜそうなるのか?」「だからどうすればいいのか?」というロジックを説明するスタイルに、私は感銘を受けました。理屈を知り、納得することで考え方が非常に明確になり、それが技術にも良い影響を与えることを実感したのです。

この経験をきっかけに、私は欧米の著名なパッティング専門コーチ16人を訪ね、パッティングに関するデータや理論を学びました。その結果、あれほど苦手意識をもっていたパッティングが向上したのです。しかも、練習量は比較にならないほど減ったのにもかかわらず……。適切な知識を得ることだけで、パッティングが改善することを体験できたのです。

私を指導してくれた欧米のパッティングコーチは、みな超ロジカルです。フルショットと違い、パッティングは身体的な強さが必要なく、また複雑な動きを伴わないこともあり、実験と検証を行う学問的なアプローチで解明できる部分が多くあります。それで、研究者たちがこの分野に参入してくるのです。

現在私が保有する「SAM《サム》パットラボ」と「ハロルド・スウォッシュ」は、ロジックの塊のような資格です。前者はデータを分析することで技術的に適正な基準値を導き出すことができ、何が正しいのかを明確にします。後者はマキロイやステンソン、ローズなどを指導するフィル・ケニオンが主催し、スキル向上のために必要な7つの要素「7エレメンツ」を2日間合計17時間の座学によって学びます。こうした体系化された分析手法・指導方法を知ることによって、パッティングにおける基礎とは何かを理解でき、私の指導力も向上しました。

「たかがボールを転がすだけで小難しいことを言っていたら、パットが打てなくなるよ」「パットに型なしって言うじゃないか。何も考えずに打つほうが入るよ」。もちろん、そのような考えもあると思います。

しかし、世界の一流選手はデータやロジックを重視するパッティング専門コーチの指導を受けています。彼らの異次元の強さは、データに裏づけられたティーチングが基礎になっていることは間違いありません。

PGAツアープレーヤーに比べたらセンスも才能も劣る私たちが、彼らと同じことを行わずに、「感覚」だけで勝負していいのでしょうか？　入れば何でもいいと「パットに型なし」をいつまでも続けていていいのでしょうか？

才能が劣るアマチュアだからこそ、「ロジック」によってパッティングを向上させるべきだと私は思います。身体的要素の影響が少ないパッティングは、アマチュアがトッププロに勝てるかもしれない唯一の分野なのです。

本書の解説を読み進めるにつれ、あなたがこれから行うべきことが明確になっていくはずです。新しいパッティング・スタイルを確立する旅に出かけましょう。

吉田洋一郎

ロジカル・パッティング

世界標準 シングルになれるパット術

LOGICAL PUTTING

目次

CONTENTS

Part 1

日本人が知らない世界の最新パッティング理論 29

Part 2

一流選手はメカニカルな動きに感覚を植えつける 47

Part 3

「狙っていい」距離を知る 59

Part 4

カップインするセットアップ　73

Part 5

2つのストローク法 105

Part 8

メカニカルな動きを覚えるドリル 161

写真　相田克己、田辺安啓
装丁・本文デザイン　鈴木事務所
DTP　加藤一来
取材協力　取手国際ゴルフ倶楽部、日神不動産グループ平川カントリークラブ

ロジカル・パッティング

LOGICAL PUTTING

Part 1

日本人が知らない世界の最新パッティング理論

世界のパッティング・レッスンは超ロジカル

最新のゴルフ理論を学ぶために、何度も海外へ足を運んで一番驚かされたのが、パッティングの理論でした。ひと言でいえば〝超ロジカル〟。**ティーチングやレッスンが、非常に論理的に行われていました。**パッティングは、これまで「型がない」「感覚が大事」といわれてきました。入る、うまい選手は〝センスがある〟という言葉で片づけられ、「基本は？」と聞かれても具体的な答えが出てこない。そのくらい曖昧だったものが、**欧米ではストロークからテンポまでを可視化、数値化し、統計学などきちんとしたデータで弾き出し、それをベースに指導するのが当たり前とされています。**

パッティング・レッスンが、なぜそこまでロジカルに行われるのか？　背景には**パッティングのストロークが、ショットよりも小さな動きで、やるべきことが決まっている点**があります。しかも、パッティングの動きは、ツアー選手のような強いフィジカルがなくてもできるため、ロジカルに理解・実践することが上達に直結しやすいという特徴があります。これはプロにもアマチュアにも同じようにいえることなのです。

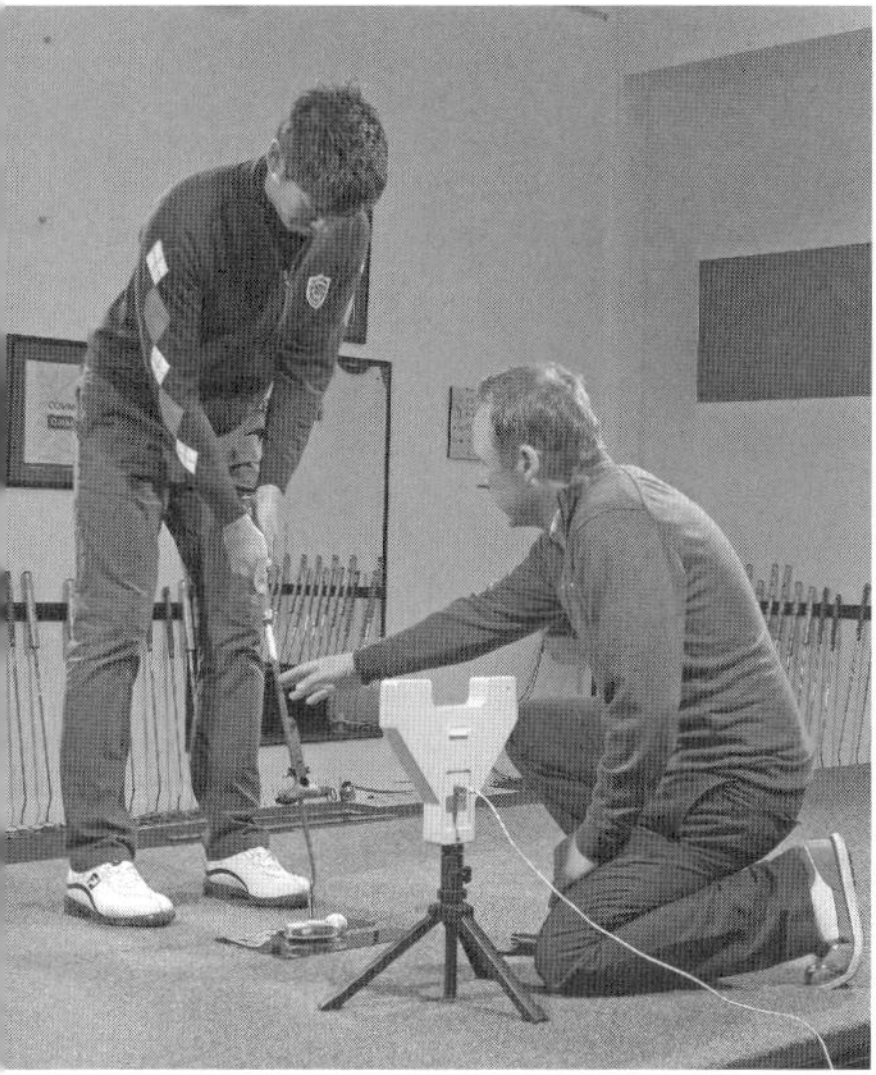

ロジカルに習得すればプロと同じレベルまで上達できる

海外の著名なコーチたちに学ぶまで「パッティングには基礎すらない」と思っていた吉田。ロジカルに分析された指導法を体験、学習して感銘を受けたのは、緻密なデータの数々だけでなく「これは誰でも習得できる！パッティングはアマチュアでもプロレベルになれる！」だった

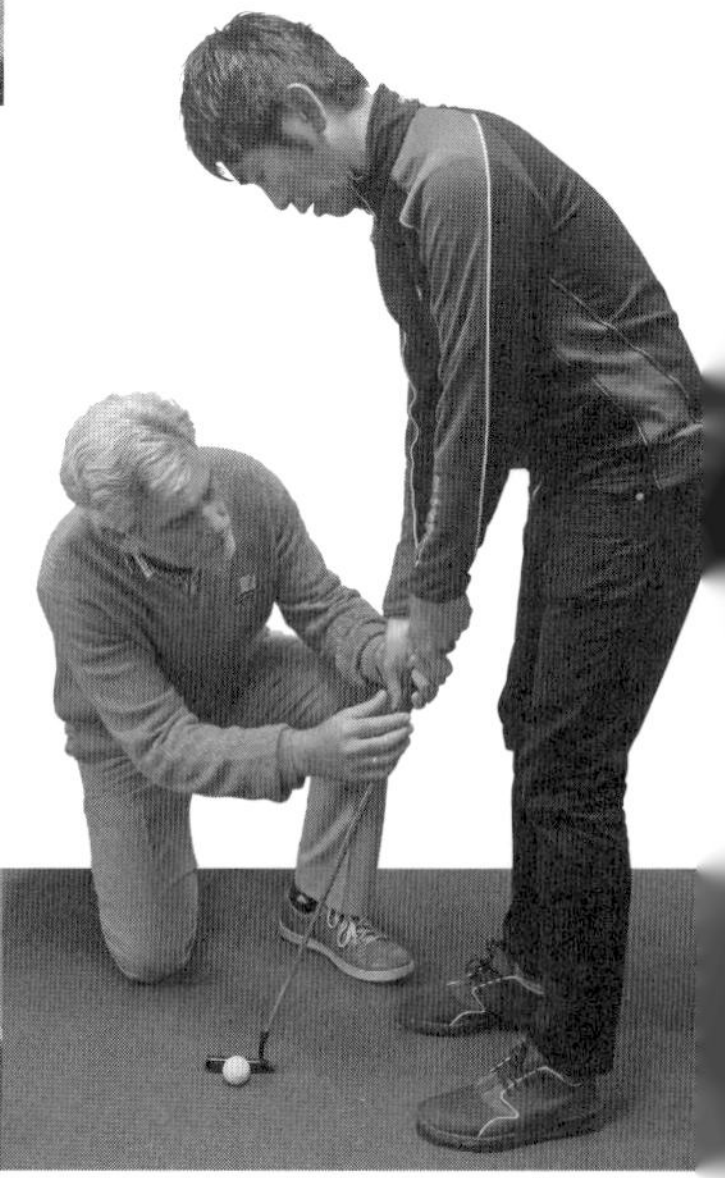

欧米にパッティング専門のコーチがいる理由

日本ツアーではほとんど見かけませんが、**欧米ツアーにはパッティングの指導を専門とするコーチがいて、試合会場にも大勢やって来ます。**なかには博士号を取得している教授や学者、研究者も多い。これは「パッティングだから」というのが大きな理由でしょう。

パッティングは小さな動きで、スピードもショットほど速くありません。そのぶん、緻密で正確なデータを取りやすい。科学や物理学を理解し、データを測定できる専門家ほど深い分析ができるので、サイエンティストやドクターと名のつく人たちが参入しやすいフィールドなのです。

そんな彼らを、**なぜ世界のトップ選手たちが受け入れたのか？　むしろ「学者や教授だから」というのが答えでしょう。**ゴルフ、特にプロの試合では「パットの調子がよかったから勝てた」「もっとパットが入ってくれれば優勝争いができた」ということが多々あります。小さくて遅い動きのなかでパターヘッドをボールに衝突させるだけの単純な作業なのに、多くのプロが悩んでいる。そこに需要があったのです。

指導者の多くは
博士号をもった“理系コーチ”

試合会場の練習グリーンには、パッティングを専門にしたコーチが何人もいる。彼らの肩書きは元一流プロではなく、「ドクター」や「サイエンティスト」と呼ばれる理系の博士号取得者が多い

学問とデータに裏づけされたティーチングしか信用されない

ゴルフの天才、センスの塊のようなトップレベルの選手たちに、学者や教授の指導が受け入れられるのか？　はじめは半信半疑でしたが、パッティング専門コーチたちの指導法や理論を学ばせてもらったり、選手への直接指導を見学させてもらった結果、むしろ**一流選手は彼らでなくては信頼して実践しない**、というのがわかりました。

ティーチングは「どうすればいいか」以上に「なぜそうなるのか」を理路整然と説明できなければいけません。**コーチたちは実験、検証、解析に基づいたバックグラウンドをきちんともっていて、学問とデータに裏づけされた知識をロジカルに伝えます。**決して感覚や調子の良し悪しなど、目では見えないもので諭すことはないのです。

自分に足りないものと指導の効果を学問的に説かれ、数値や可視化されたデータで比較・説明されたら、選手はぐうの音も出ない。しかし、**一流であればあるほど、反論できないほどロジカルな指導を好む。**欧米では、この関係がティーチングのスタンダードになっているのです。

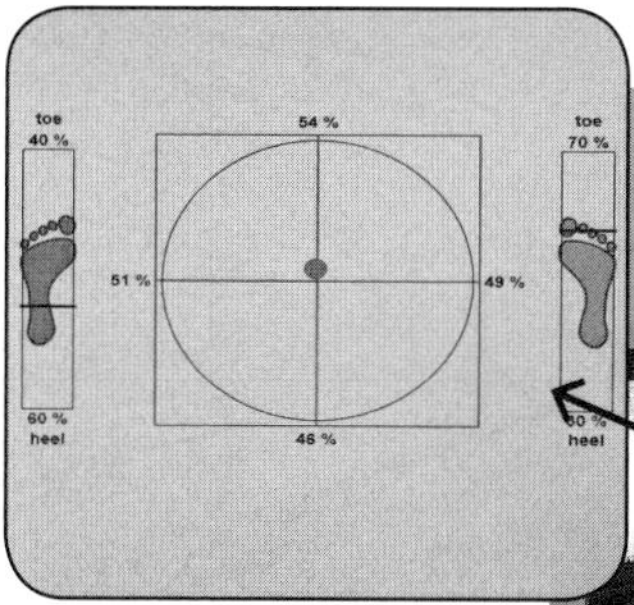

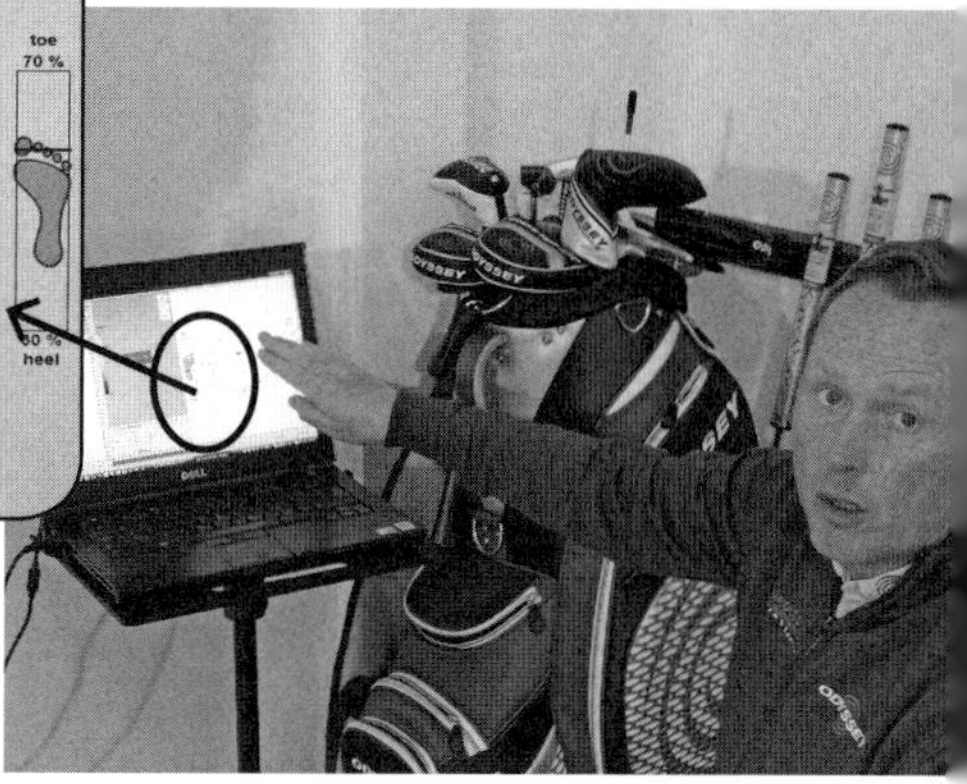

一流選手ほど
反論の余地がない
研究、構築されたロジックを好む

一流選手が元プロゴルファーでもないコーチの指導を素直に受け入れるのは、選手が反論できないほどの深い知識と構築された論理をコーチがもっているから。膨大な測定と緻密な解析から弾き出されたデータは説得力十分。この上達メソッドは、もちろんアマチュアも確実に上達へと導いてくれる

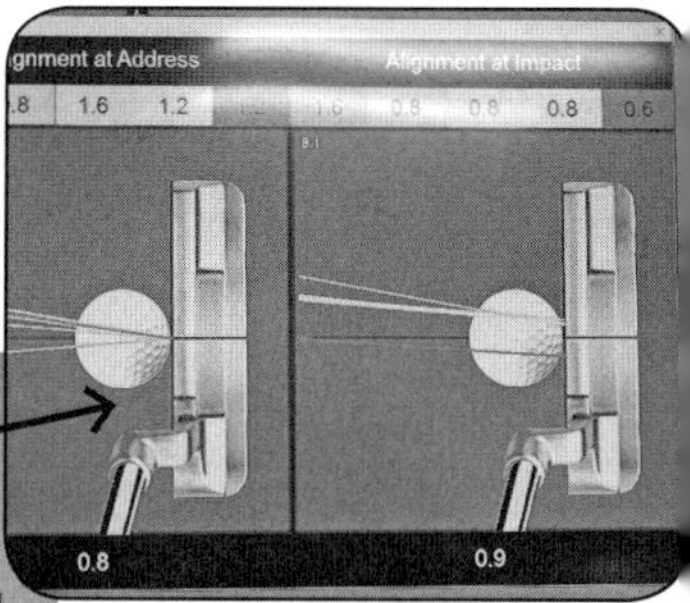

ティーチングはパターの動きの数値化がベース

パッティングコーチたちがロジカルに指導する際、どんなデータを用いているのか。これは非常に多岐にわたり、実践できるのかと疑問に思う超詳細なものから、すぐさま修正に役立つものまでさまざまなデータが数値化されています。そのなかでおもに使われ、アマチュアにもすぐに効果が表れるものの一部を紹介しましょう。

【ストローク軌道】ヘッドが通る軌道
【フェースアングル】アドレス時やストローク中のフェースの向き
【インパクトロフト】フェースがボールをヒットしたときのロフト角
【ブロー角】ヘッドがフォローへと抜けていくときの角度

これらすべては、SAM（サム）という高精度なパッティング測定器により、すべてが数値化されていて、欧米ではこの数値がカップインの確率を上げるための基礎になっています。そして、ティーチングは、その理想値に近づけるためにカラダの向きや動きをアレンジする、メカニカルな方法が主流となっています。

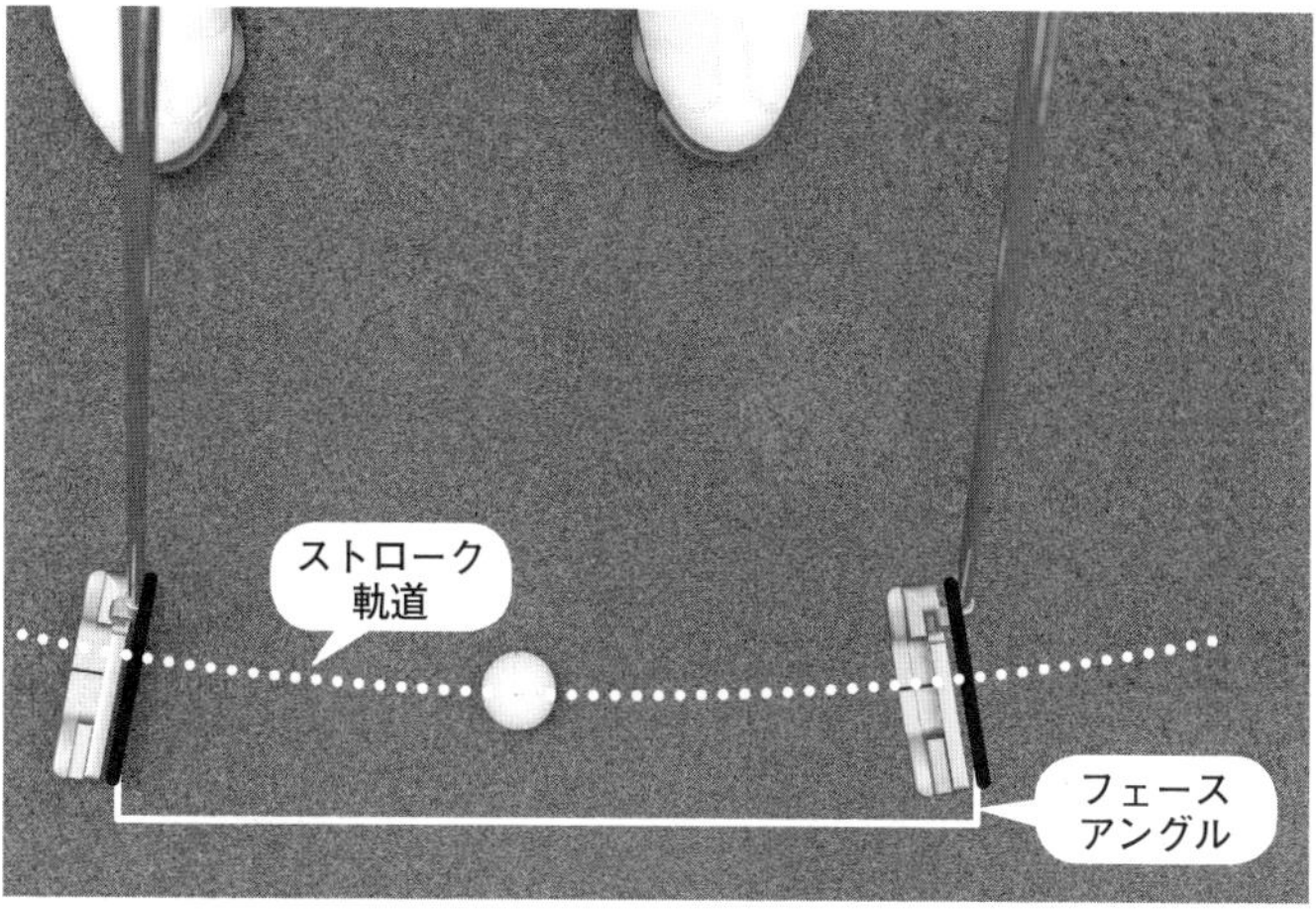

指導は数値ありき
理想値に近づく方法を探る

ティーチングにおいてはストローク軌道やフェースアングル、ブロー角などがどんな数値になっているかが重要。理想値に近づけるために動きをどうすればいいのかを追求していく

数値化に加え
可視化による信頼性とメリット

前のページで紹介した解析器「SAM（サム）」を、もう少し詳しく解説しましょう。正式名称は「Science and motion golf PuttLab」。ドイツのサイエンス アンド モーション スポーツ社が、工業用センサーの超音波測定器を応用し、クリスティアン・マガート（左ページ）によって開発されたパット分析システムです。**パッティングストロークにおける28項目を解析し、ストロークの弱点を発見、改善に結びつける。本書に登場するパッティングコーチのみならず、多くの有名ゴルフアカデミーやタイガー・ウッズなどのトップ選手も所有しているほど信頼性の高い機器**です。

　解析は数値化だけでなく**〝可視化〟、つまり画像・グラフ・図・表などによって、人間が直接見ることができない現象・事象・関係性を知ることができます。**自分のストロークがどうなっているのか、感覚でしか知りえなかったリズムやタイミングまで丸裸となれば、**目からウロコの改善点が見つかったり、ムダのない明確な修正法を選択することができる**

ので、スピーディな上達が可能となります。

この解析システムは、欧米だけでなく日本でも普及しています。大手メーカーのパター研究・開発やフィッティングにも使用され、たとえばパターブランドのオデッセイのパットラボやインドアのゴルフスクールにも体験、計測ができる設備があります。

パッティングに悩んだり、もっとロジカルに上達したいと考えているなら、導入している施設を一度訪れてみることをおすすめします。

クリスティアン・マガート

SAMパットラボの開発者。2003年ドイツのミュンヘンに「Science & Motion GmbH」を設立し、インストラクタープログラムを指導。神経科学者であり、医学、スポーツ、運動行動研究の分野に精通している。運動分析、運動学習、運動障害の治療のための新しいコンセプトの開発も行い、ミュンヘン大学の医学心理学部で「運動学的運動解析」の博士号を取得

パッティングコーチと選手は、パターを強化するとき“室内にこもる”と聞いていましたが、SAMを体験してその理由がはっきりわかりました。解析システムのあるインドアで計測と比較修正を繰り返す。ターゲットにする目標やカップはありますが、入ったか外れたかは二の次。とにかく画面上の数値を理想値に近づけることに没頭して、技術向上を図ります。とことんデータを重んじる徹底ぶりには驚かされます。

百聞は一見にしかず!

数値化と可視化によって自分のクセが手に取るようにわかる!

SAMの超音波を使った測定は、類似のパッティング解析システムとは比較にならないほど高精度。ただし測定は、シャフトにセンサーをつけるだけで簡単にできる

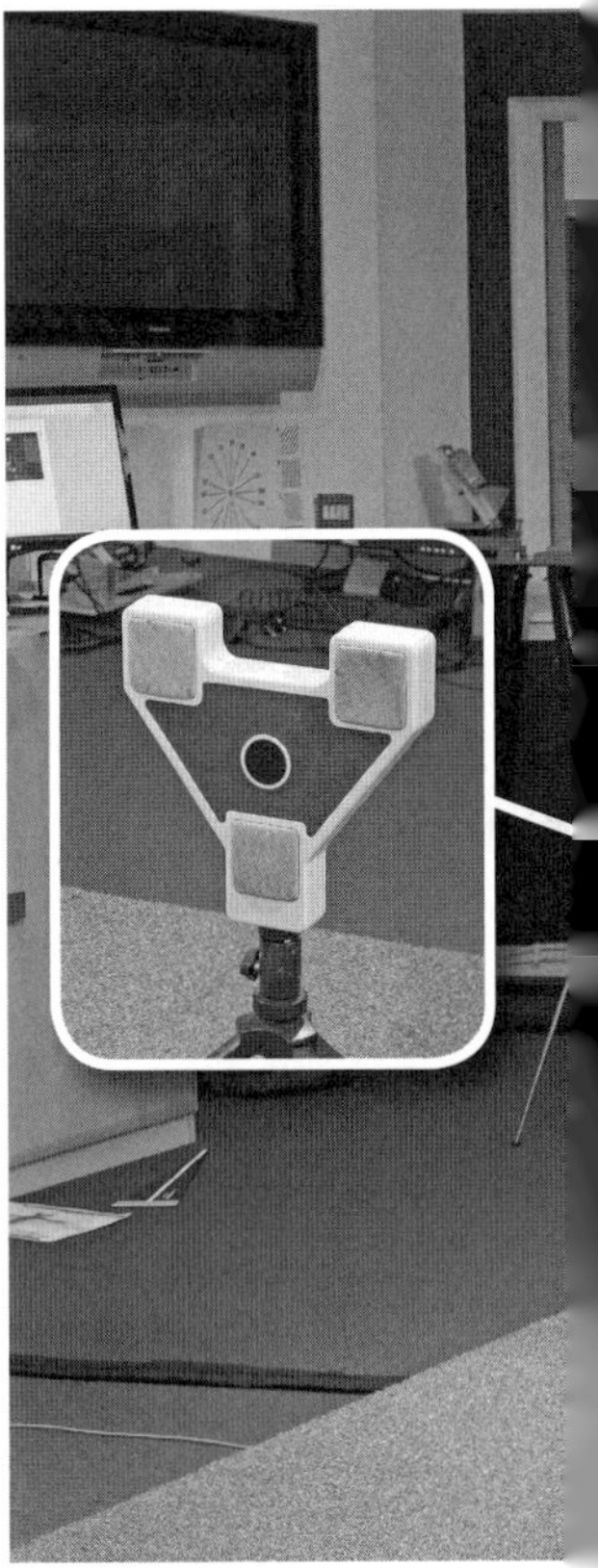

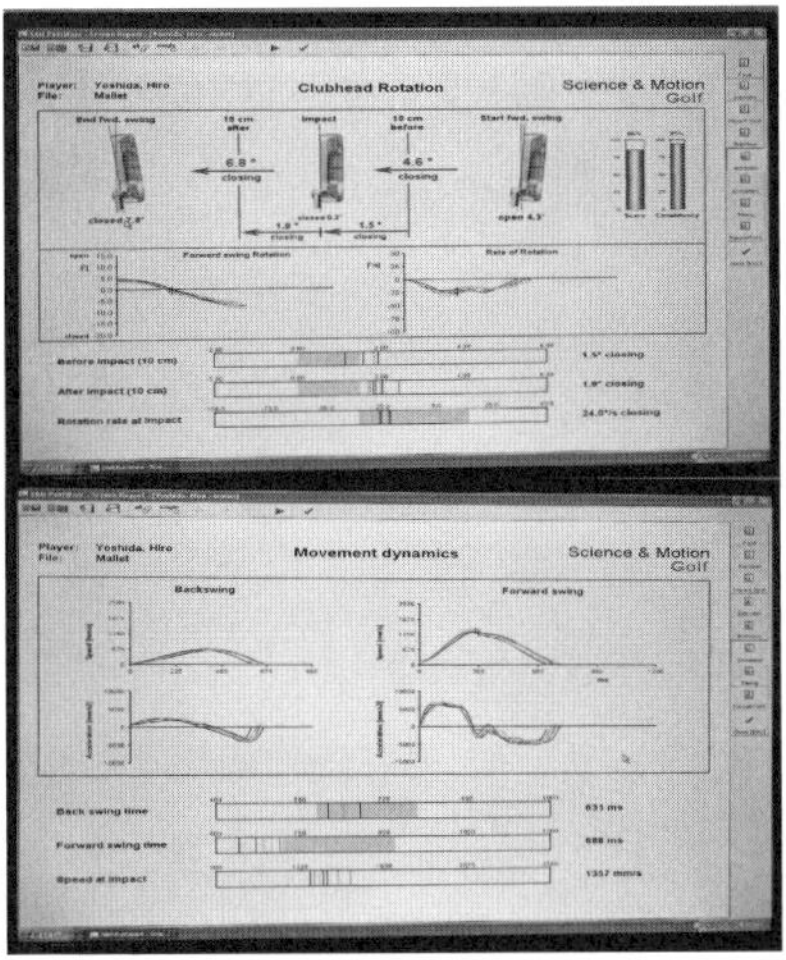

上の画面はフェースの回転、下はストローク中の時間。見ただけではピンとこないが、説明を聞くと「なるほど!」と納得でき、自分のクセや傾向がはっきりわかる

「感覚」と「メカニック」はどちらが重要か？

微妙なタッチを出すパッティングは、感覚（フィーリング）が重要。しかし、**ロジカルに構築されていく欧米ツアーでのティーチングは、メカニカルな動きを磨いていくことが主体で、実際にコーチの数も「メカニカル派」といわれる人のほうが多く存在します。**

トップ選手に関していえば、彼らは世界最高峰で戦うレベルですから、感覚はもともと非常に優れています。そのため**「メカニックがちゃんとしていれば感覚がもっと生きる」という意図で、メカニカル派のコーチによる指導を受ける選手が多い**のです。

では、アマチュアに置き換えた場合はどうなるのか。感覚もメカニックもプロほどは優れてはいませんから、どちらもスキルアップする必要があります。とくにパッティングを苦手とするアマチュアの多くは、イメージ作りが下手だったり、メンタルが弱かったりします。メカニカルな部分と合わせて感覚も磨く。両方のバランスが大事になります。

ただ、感覚を生かすためにはメカニックがしっかりしていたほうがいいことはプロと同じ。それを本書で解説していきます。

【メカニカル派コーチ】
フィル・ケニオン

【感覚派コーチ】
デーブ・ストックトン

【中間派コーチ】
スタン・アトレー

パッティングコーチは基本的に「感覚派」と「メカニカル派」の2タイプ

ここに挙げたのは代表的なコーチ。数的にはメカニカル派のほうが多いが、感覚派コーチはメンタル的な部分の指導も行っている。どちらかに偏ってしまうと弊害が生じるので、選手はそのときに足りない要素に合わせてコーチを替えることもある。稀に感覚とメカニカルの中間に位置するコーチもいる

トップ選手は「振り子」か「直線」のどちらかで振っている

もうひとつ大きく2分されるのが、ストロークのタイプです。コーチも選手も「振り子」と「直線」の2タイプに分かれ、これが世界の2大ストロークとされています。それぞれに特徴があり、詳しくはパート5の「ストローク編」で紹介しますが、**どちらを選択してマスターするかは、やはり数値が判断基準となります。どちらのストロークタイプが基礎となる理想値により近づくか、**ということが決め手となるのです。

【振り子ストローク】

文字どおり、支点を作ってパターを振り子のように振るストローク。イン・トゥ・インの軌道になり、フェースの開閉が大きくなる

【直線ストローク】

ヘッドを直線的に動かし、フォローで手元をパターと一緒に目標方向に長く出していく振り方（2タイプの詳しい説明はP106～）

それぞれのストロークを操る代表プロ

ローリー・マキロイ Rory McIlroy

【振り子ストローク】

3大会のメジャーで勝利したマキロイ。ジャスティン・ローズやヘンリク・ステンソンなども振り子ストロークだ

フィル・ミケルソン Phil Mickelson

【直線ストローク】

平均パット数上位の常連・ミケルソンは直線ストローク。このタイプは、パトリック・リード、ミッシェル・ウィーなど

ロジカル・パッティング

LOGICAL PUTTING

Part 2

一流選手は
メカニカルな動きに
感覚を植えつける

感覚が優れた選手がスランプに陥る理由

感覚とメカニックは、バランスが大事だと説明しました。しかし、欧米の選手はメカニックを教わるほうが多い。その理由に触れてみたいと思います。

仮に100%感覚派の選手がいるとします。誰にも教わらず自分ひとりで腕を磨き、天才と称されるほどのパットの名手ですが、ある日突然、入らなくなってしまった。その原因を**「調子が悪い」で片づけてしまい、感覚を取り戻すことで解決しようとする。これが悪循環の始まり**で、スランプが大スランプに飛躍してしまう場合さえあります。

感覚を重視するタイプは、不調の原因を「感覚のズレ」と思いがちですが、実は実際にズレるのは、無意識にできていた「メカニック」だということがほとんどです。それに気づかずに**「なにがズレて」「どこがおかしくなったのか」と考えても、答えは見つからない。メカニックをもっていない選手は根本的な原因に気づきにくい**のです。なにが悪いのかわからない状態ですから、路頭に迷うのも当然です。

一方、**メカニカルな部分を磨いてきた選手は、ズレの原因に気づくのが早いので復調するもの早いです。さらには、それを構築してきた理論やコーチに計測してもらったデータのバックグラウンドがある。データに従って修正する、となれば、なおさらスピーディに原因究明と修正ができます。**

ちなみに、2016年の米ツアーのトップ100のなかで、コーチがついていない、いわゆる我流で戦った選手は、たったの5人でした。95人はスイングかパッティング、もしくはその両方の指導者やチェックマンがついていました。

欧米には「上達したければ習うもの」という文化があります。ゴルフでも、たとえメジャーを何度も勝つレベルになっても「教わる」という考えがスタンダードで、第三者の目を使ってチェックしたり、指導してもらうのは当たり前というシステムが出来上がっています。ティーチングが確立しているぶん、コーチも実によく勉強しますし、選手はコーチの知識と指導をリスペクトしています。

そんなコーチについて、選手はメカニカルな部分だけをひたすら磨いているのかというと、それだけではありません。冒頭で話したとおり、バランス、そして順序がポイントとなります。では、ふたりの選手の成功と失敗を例にこれを説明していきましょう。

積み重ねる順序が正しかったミケルソンの成功例

50歳を目前にした今も、メジャーの優勝候補にあげられるフィル・ミケルソン。代名詞のロブショットを見ても、圧倒的な感覚派の選手です。天才中の天才プレーヤーでしたが、20代でメジャーに勝てず、30歳くらいでメカニカル派のデーブ・ペルツに指導を仰ぎます。すると33歳で悲願のマスターズに優勝。ところが、その後メカニカルに考えすぎたことで不調が訪れます。そこで、コーチを感覚派のデーブ・ストックトンにスイッチ。感性を蘇らせ、見事に復活しました。

ミケルソンのパッティングへの貪欲さは、ここで留まりませんでした。近年はメカニカル派のアンドリュー・ゲットソンをコーチに招き、感覚にメカニックを融合させています。**感覚派からメカニックを覚え、メカニカルになりすぎた部分を感覚で取り戻し、最後にはメカニカルな部分をベースに感覚を植えつけるという手順で、高いレベルで安定したパッティングを手に入れたミケルソンは、「マスターしていく順序が正しかった」代表的な成功例**といえます。

ゲットソンと練習ラウンドをまわるミケルソン（上）。40歳半ばになってもメジャーで優勝争いをしたり、ライダーカップのメンバーに選ばれるなど衰えを見せない。近年はとくに、パットのうまさが際立っている

ミケルソンのコーチ変遷

デーブ・ペルツ
（メカニカル派）

↓

デーブ・ストックトン
（感覚派）

↓

アンドリュー・ゲットソン
（メカニカル派）

感覚をさらに磨こうとしたマキロイの失敗例

ローリー・マキロイは、メジャー4勝の実績をもつ若き実力者です。しかし、ウイークポイントはパッティングにあり、そこから脱却を図ろうとデーブ・ストックトンに師事しました。**マキロイがストックトンと組んだ理由は「感覚をさらに磨く」でしたが、メカニカルな部分を疎かにしたことで、成績が出ず失敗に終わります。**

その後、コーチをメカニカル派のフィル・ケニオンに替えますが、このコンビは見事に成功。2016年のプレーオフを制して、年間王者に輝きました。確かな自信とスキルアップを確信したらしく、マキロイは「全然違うよ！　最高にいいストロークができるようになった！」と、喜びを自身のツイッターでつぶやいていたくらいです。

こうやって、両者の成功と失敗を比べてみると、感覚派のストックトンに教わったことが悪いように受けとられがちですが、そうではありません。大事なのは進む順序。マキロイの場合は、**メカニックを完ぺきにしてから感覚派に教わるべきでした。そうすれば、低迷期を過ごさずに済んだと思われます。**

マキロイのコーチ変遷		
デーブ・ストックトン（感覚派）	←	フィル・ケニオン（メカニカル派）

メカニカル派のケニオンの指導を受けるようになってから、復調著しいマキロイ。2016年は米ツアー年間チャンピオンを獲得した

最強だったころのタイガーは超メカニカル

全盛期のタイガー・ウッズは、当時の最先端パッティング・ストローク電子解析器の開発にも携わったマリウス・フィルマルターをコーチに迎え、あらゆるデータを計測。超がつくほどメカニックにこだわって練習していました。

タイガーのストロークデータは完ぺきな理想値ではありませんでしたが、再現性が相当高かったらしく、いつも同じコロがりで正確な方向性で打つことができるマシーンのようだったそうです。最強だったタイガーのすごさはいろいろなことがあげられますが、群を抜いていた才能は、イマジネーションでしょう。その秀でた想像力や感性をフルに生かすために、メカニカルなスキルを磨いていたのです。

マリウス・フィルマルター

パッティング・ストローク電子解析器の第一人者のマリウスは、パットの名手としても知られるプロゴルファー。選手経験を生かしたロジカルな指導は説得力があり、数多くのメジャーチャンプを誕生させている

完ぺきにマスターしたメカニックに
生来の鋭い感覚を植えつけることで、
タイガーは一時代を築く
最強ゴルファーとなった

型が「ない」ようで「ある」のがパッティング

決まった型がないといわれるパッティングですが、メカニックが重要というなら型にガチガチにはめる必要があるのでは？　そんな疑問がわきます。

では、そもそも型とはいったいなんでしょう？「パットに型がない」といわれるようになったのは、変則な打ち方でも入れまくるパット名手がいたからだと思います。変わった構えに変わった打ち方でカップに沈める。それを見せつけられたら「入ればなんでもいいんだ」となりますよね。

しかし、**変則でも上手な選手のパターの動きや角度を計測すると、ポイントとなる項目で理想値に近い数値をたたき出します。**見た目は変わっていても、データ上は入るパットに必要な型を完全に備えているのです。**変則フォームでも、入るパットに不可欠な「スクエアなアイライン（目線）」「スクエアフェースでのインパクト」「再現性の高いストローク」は共通しているわけです。**この共通する要素さえ実践すれば、ほかの要素はなんでもいいというのが、型なしの真実なのです。

目線は
目標とスクエア

変則でも
必ず守る型がある

入るパットには共通の型がある。変則といわれる選手でも、共通点だけはきちんと抑えているから入るのだ

波を打たず
再現性の高いストローク

インパクトは
スクエアフェース

変則でもウィーの構えは理想値に近づけるための最善策

上体を大きく折り曲げたパッティングスタイルを見て、誰もが変だと思うだろうが、この構えでのストロークがウィーにとってはもっともいい数値を出せる。数値がよくて再現性も高ければなんでもあり、という合理的な考え方は、実に欧米らしい

ロジカル・パッティング

LOGICAL PUTTING

Part 3

「狙っていい」距離を知る

確率の低い距離を入れに行くことがパット数を増やす

カップインの確率を知り、「入れに行くか、行かないのか」をはっきりさせて打つことは、1ラウンドトータルのパット数に大きく影響する、というのがこのコーナーでお伝えしたいことです。左ページの表は、デーブ・ペルツが著書『パッティングの科学』で発表した【1パットで入る確率】のデータを、日本人にもなじみの深いセンチ表示に直し、確率を修正したものです。

50センチの短い距離は、ツアー選手でも「つい、うっかり」がなきにしもあらずでしょうから、1パットの確率は99％。スコアアベレージ90のゴルファーでは96％。ほぼ入るものと考えていいでしょう。

ここから50センチずつ距離を伸ばしていくと、ツアー選手との差は歴然。**2メートルになるとツアー選手は60％と半分以上の確率ですが、アベレージ90は34％と10球打ったら4球も入らなくなってしまいます。**これはビギナーではなく、調子がいいときは80台前半も出る、アマチュアとしては上手といえる腕前のゴルファーの確率なのです。

この〝事実〟をどうとらえるのか。よく考えることがパット数を減らすためにとても大切なポイントになります。

デーブ・ペルツ

1939年生まれのショートゲームコーチの巨匠。NASA（アメリカ航空宇宙局）で国際衛星計画の主任研究員からコーチに転身。データを重んじ、精密機械のようなストロークを身につけるメソッドで多くのプロを指導中

【1パットで入る確率】

距離（センチ）	ツアー選手	アベレージ90
50	99%	96%
100	92%	80%
150	80%	50%
200	60%	34%
250	48%	25%
300	40%	20%
450	24%	12%
500	20%未満	10%未満

意外に入っていない1・5メートル

前ページの表の**【1パットで入る確率】**から、1・5メートルを掘り下げてお話ししましょう。

ツアー選手の確率は80％、アベレージ90は50％。「こんな短い距離が5割しか入らないの⁉」と思う人が多いでしょうが、これが現実です。パターマットでの練習と実戦はまったく異なります。実際に私も実験してみましたが、結果は10球中7球カップイン。スクラッチ（シングル）プレーヤーの確率が66％なので、まあまあの好結果です。本番のグリーンは傾斜があるし、不確定な芝の影響も出ます。

では、スコアアベレージ90のゴルファーでさえ2球に1球しか入らない1・5メートルは、「入れに行く距離」か。答えは「ノー」です。確率が示すように、入るか入らないかは確率5割。それを**いつでも狙って入れに行くのは、むしろ入らない確率を増やす原因になってしまう**のです。

「狙うな」といっているわけではありません。1・5メートルで考えることは「入ればラッキー」。**入る確率がさらに下がったら、1パットを諦めて3パットをしない狙い方をするのがクレバーです。**

また、「入る確率はこんなもんなんだ」と思って淡々と打ったほうが、ストロークの正確性や再現性も上がる、冷静に平常心を保てば、ライン読みもしっかり行える、ボールのスピード感のイメージ作りができ、ラインに乗せることにも集中できるなど、カップインの確率を上げるプラスの要素が増えていくのです。

50%の確率を入れに行くのは入らない確率を増やすだけ

カップから1.5メートルの距離に、ボールを10個、サークル状に配置。コーチの吉田でも2球目で外してしまった。カップインしたのは7球で70%。意外と入らないことが実証されたが、「100%入れに行くと、確率はもっと下がります」と吉田

1メートルが入らないとスコアはまとまらない

確率が低いなら、上げればいいのです。前述したように、パッティングはフィジカル的要素に関係ないので、アマチュアでもプロレベルになれる。技術や考え方次第では、プロに勝てる可能性さえ秘めています。

1パットで入れる確率を上げる目標は、1・5メートルをツアー選手と同じ80%まで引き上げることです。そうなれば、アベレージ90でも80%しか入らなかった1メートルは自然に90%以上入るようになる。**1メートルが入るか入らないかは、スコアをかなり左右します。**

ゴルフは不思議もので、良かったことよりも悪かったことをはっきりと記憶してしまいます。フェアウェイのど真ん中に飛ばしたドライバーショットよりもOB、ベタピンにつけたアイアンショットよりもシャンク、必ず入ると思って打って外した1メートルも、です。わずか1メートルを外したことからプレーに影響することは多々あります。強く打ち過ぎて1メートルオーバーすると、返しが怖くなるのでショートする。届かないと入る可能性を消すだけでなく、強く打てば消せた傾斜の影響を受けてしまいやすい。ほかにも、アプローチやロングパットを1メートル以内に寄せなければいけないという過度のプレッシャー。入れて当たり前を外した、もったいない1打を増やしてしまった、3パットしてしまったという後悔を引きずって次のティショットを失敗するなど、多くのダメージがあげられます。

スコアアベレージ90のゴルファーが50％しか入らなかった1・5メートルの確率を1メートルと同じ80％に、80％だった1メートルを50センチと同じ96％に。いきなり50センチ単位で確率を大幅に上げるのはむずかしいですが、まずは10センチ遠くなっても確率を下げないようにする、と考えれば不可能なことではないはずです。この積み重ねによって、ムダな1打をどんどん減らしていってください。

パッティングは、結局「アベレージ（平均パット数）」が大事なのです。ロングパットを1発で沈める劇的な1打よりも、**そのホールを結果的にトータル何パットであがったか、18ホールを通して何パットだったか、1ラウンドのアベレージを下げることが、スコアアップへとつながっていく**のです。

劇的なパットを期待して狙うと平均パット数は悪くなる

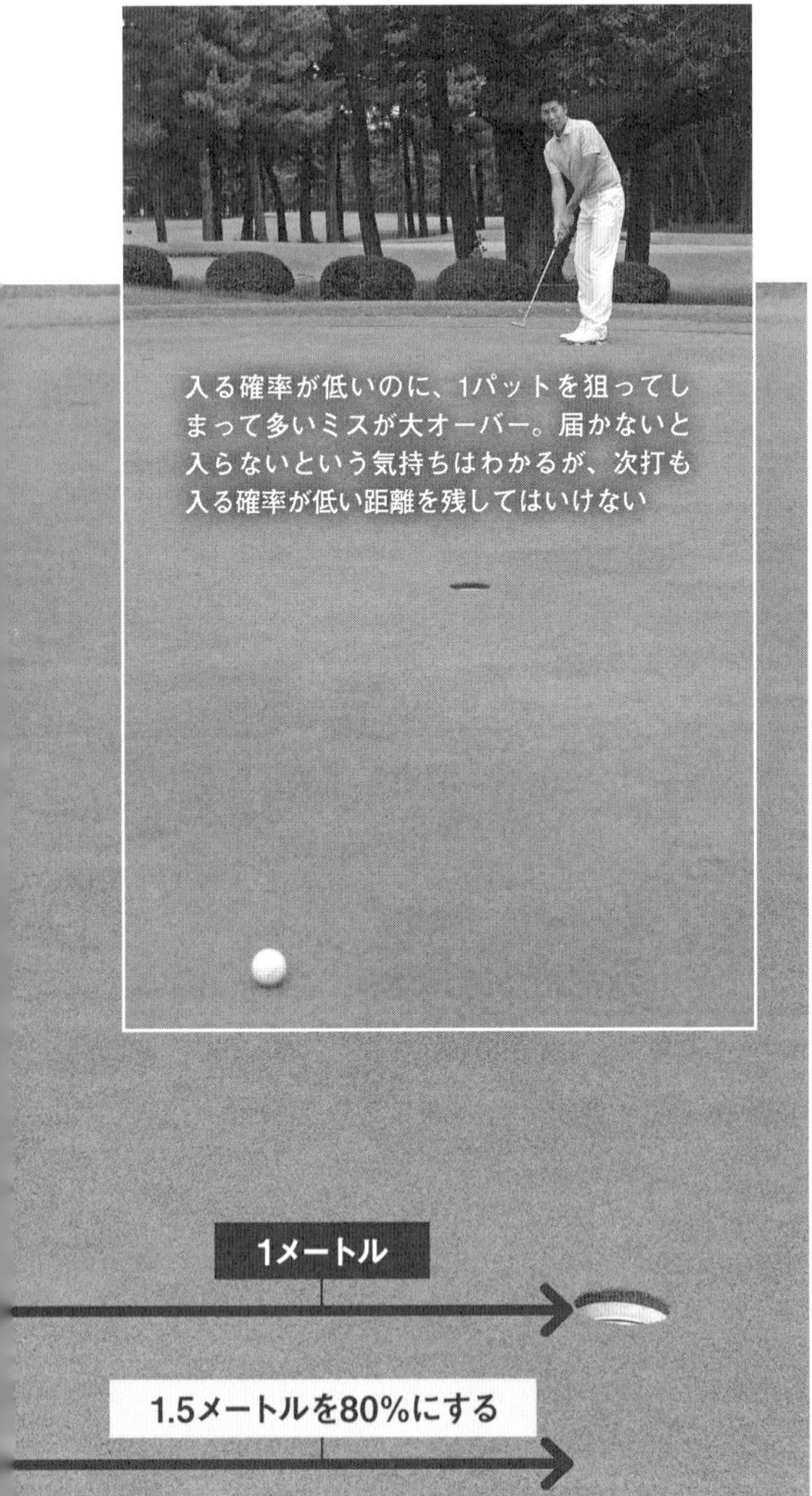

入る確率が低いのに、1パットを狙ってしまって多いミスが大オーバー。届かないと入らないという気持ちはわかるが、次打も入る確率が低い距離を残してはいけない

10センチ単位で 80%入る距離を伸ばしていく

アベレージ90が1メートルを1パットで入れる確率は80%。この確率を10センチずつでいいので伸ばして1.5メートルまで拡大すると、ツアープロレベルの確率が手に入る

10球中8球入る「狙っていい」距離を知る

スキルを磨いて入る確率を上げげつつ、**自分が高確率で入れられる「狙っていい距離」をつねに把握しておいてください**。狙っていい距離は、10球打ったら8球は入る確率はほしいですね。50センチから〝10球テスト〟をスタートして、8球以上入ったら50センチずつ距離を伸ばしいく。もし、80%を切ってしまったら前の距離に戻り、伸ばす距離を10センチに短くして80%入る距離を徐々に伸ばす練習をしてください。

また、このテストにはひとつのお約束があります。**打つ強さは必ずカップをオーバーさせる。具体的には〝43センチオーバー〟（カップ約4個分の長さ）させる距離感で打ってください**。43センチオーバーの理由は、後の「パート6 距離感」（P139）で詳しくお話ししますが、簡単に説明すると「届かなくて入らない可能性を消さない」「不確定な芝の影響をなるべくなくす」ことができるのがこの距離だからです。

「80%以上入るか」のテストはオーバーさせる距離感で打つ

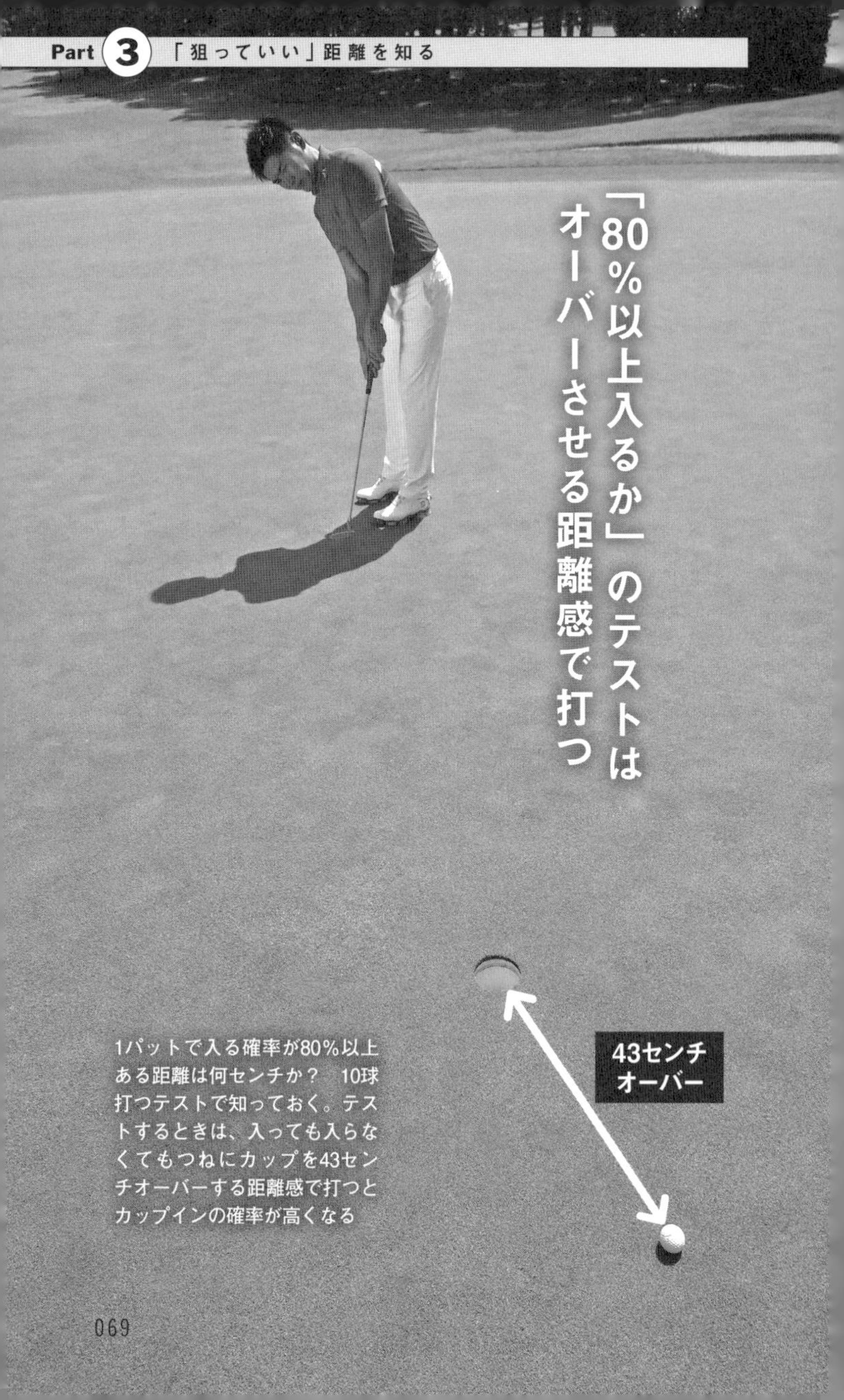

1パットで入る確率が80%以上ある距離は何センチか？　10球打つテストで知っておく。テストするときは、入っても入らなくてもつねにカップを43センチオーバーする距離感で打つとカップインの確率が高くなる

コースにはロジックもメカニックももっていかない

カップインの確率を上げるには、ストローク中の意識の持ち方にもポイントがあります。ツアー選手はグリーン上でコーチと「よくあきないなぁ」と感心するほど地味な練習を繰り返します。やっている内容も、ここの角度をもう少しこうしたほうがいいだとか、いやもうちょっとこっちだなど、とても地味。ところが、**いざ本番がスタートすると、あれだけ徹底してメカニカルな動きをチェックしたにもかかわらず、頭の中では思い出したり意識していない**というのです。

では、本番で実際にストロークに入ったときは、なにを考えているのか？　テークバックをどこに上げて、フェースを何度ターンさせるなどのメカニカルな部分は一切考えず、**どの方向にどのくらいのスピードでコロがって、どうやってカップに入っていくか、距離やラインに対してのボールのコロがり方に集中して打っている**そうです。

私も試してみましたが、コースでは確実にこの思考がいいストロークを実現します。振り幅やヘッドを振る方向、フェースの角度、インパクトの強さなどに気をとられると、逆にストロークを乱してしまう。きちんとやっているはずなのにうまくいかないと迷路にハマってしまったり、自信がなくなってしまうこともあります。

それよりも、**コロがるボールのイメージに集中してストロークすると、カラダは不思議とそのとおりに動いてくれるので、意図した結果に近づける。**ツアー選手や上級者のような経験豊富なレベルだけでなく、アベレージゴルファーでも同じ状態になるので、ストロークに入ったときの頭の中は、ボールがコロがるイメージで満たしてください。

練習はメカニカルに本番はイメージを大切にする

メカニカルな部分を徹底して磨いているツアー選手も、コースにはそれをもっていかず、本番のストロークに入ったときは、ボールのコロがり方だけを頭の中でイメージしている。これは1パットで入れる確率を上げるためのポイントだ

いざ本番！ はストロークよりもコロがり方のイメージに集中！

ツアー選手のストローク中の頭の中には、カラダやヘッドの動かし方はまったくなく、ボールのスピードやカップに入る様を描いている。いざボールを打つときは、ボールがコロがるイメージに集中。そうすることで、思い描いたイメージどおりのボールが打てる動きやタッチが、無意識に発揮できる

ロジカル・パッティング

LOGICAL PUTTING

Part 4

カップインするセットアップ

アドレスをした時点で入るかどうかは決まっている

ナイスショットは、アドレスが大事。これはパッティングにもいえることで、いい構えはいいストロークへとつながります。前述したとおり、**パットには型がないように思えて、実は共通した型があり、アドレスでは2つのポイントがあげられます。**

まずは「アイライン（目線）」。本書の肝となるテーマのひとつで、両眼を結んだラインの角度はとても重要になります。簡単に説明すると、**アイラインはターゲットと平行・スクエアでなくてはいけません。**これはとても大事なことなので、あとの項目で詳しく解説、レッスンします（P90〜）。

もうひとつは、**「両手のポジション」**です。**飛球線後方からチェックしたとき、両手が肩の真下にくるようにします。**前傾が浅くても深くても、両肩を結んだラインやスタンスの向きがオープンでもクローズでも、必ず肩の真下です。これも追って説明します（P80〜）。正しいストロークをするために絶対に守らなくてはいけないこの2大ポイントを、必ずマスターしてください。

正しいストロークをするための正しいアドレスのお約束はふたつ

両手を肩の真下にセットする

手元がカラダから近すぎても遠すぎてもダメ。必ず肩の真下にセットする

アイラインをターゲットラインに合わせる

両眼を結んだラインは、地面と平行、かつ足元のターゲットラインとスクエアに合わせる

グリップはパームで握る

ツアー選手を見ると、グリップにはいろいろな握り方があり、これにも型がないように思えます。しかし、ある共通点があることをお教えしましょう。それは、**指の絡め方や添え方はさまざまでも、手のひらの生命線に沿ってグリップを握るパームグリップが基本、**ということ。最近のミケルソンのように、左手の指先でつまむクロウグリップのような握り方でも、右手はパームで握っています。

パームグリップの長所は、**手のひらとグリップに隙間ができなくなるので、パターとカラダに一体感が生まれる**こと。すると、ヘッドやフェース面を上手にコントロールできます。指先で握ると、必要以上にヘッドが加速してしまう、ストローク中にヘッドが回転しすぎてフェースがブレてしまう、などのミスが起きます。

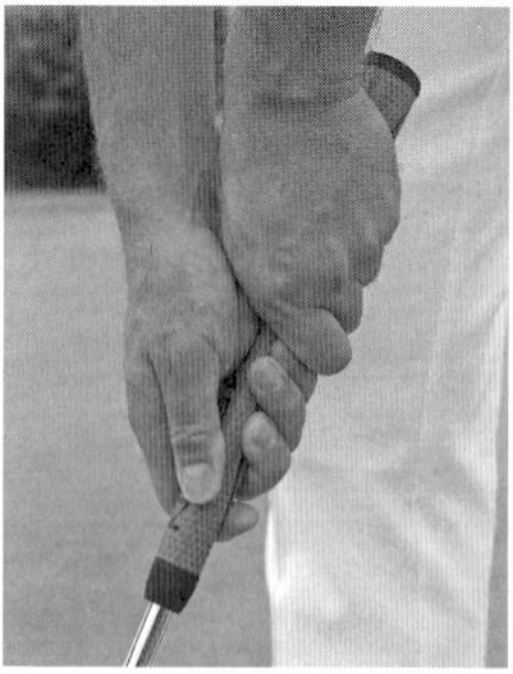

グリップをタテに握るイメージ。パターとカラダに一体感が生まれるので、ヘッドやフェースをコントロールしやすくなる

グリップは生命線に沿えて隙間ができないように握る

手のひらとグリップの密着性を高めるため、両手ともグリップを生命線に沿えるのが基本

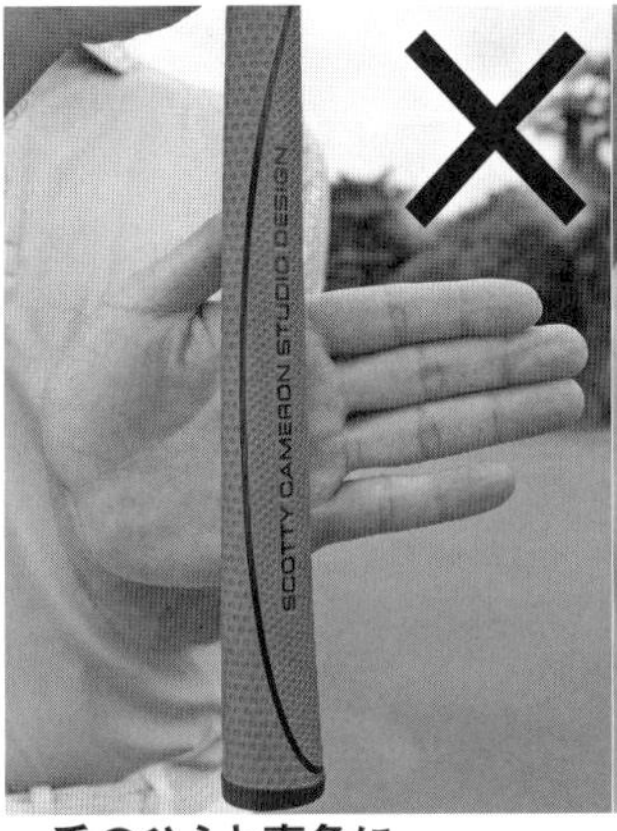

手のひらと直角に沿えるのはNG。グリップと密着する面積が狭くなってしまう

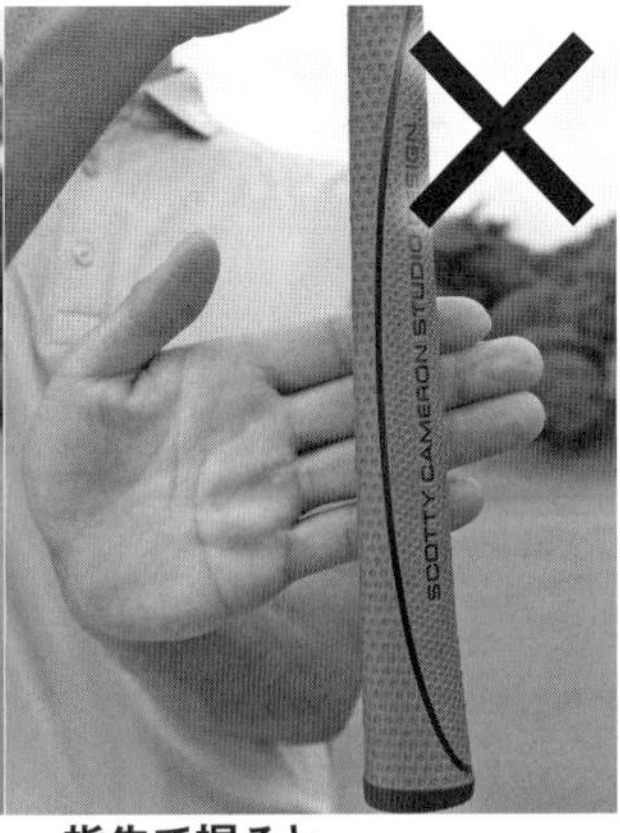

指先で握ると必要以上にヘッドが加速したり、フェース面が動いてしまう

握る強さは強くても弱くても
どちらでもOK

グリップを握る強さはどうすればいいのか？　これもよく聞かれる質問です。ショットでは強く握るとリキみにつながるので、できるだけソフトに握ったほうがいいといわれますが、パッティングでは強く握ったほうがいいという選手もたくさんいます。**答えは、強く握ってよくなる人と弱く握ってよくなる人がいるので、どちらでも好みでOK**。自分のタイプを見極めることが大切です。

ただし、ストローク中、握る強さは絶対に変えてはいけません。実は握る強さに迷うカラクリはこれ。ストローク中、とくに**インパクトで強弱が入ってしまうことで、強く握りすぎた、弱く握ってしまった、という反省が生まれる**のです。ストローク中に握る強さを変えてしまうとデメリットしかなく、途中で強くなるとヘッドの急な加速・減速が起こりやすく、弱くなるとゆるんでフェースのズレやショートのミスが出ます。グリッププレッシャーは、必ず最後まで一定をキープしてください。

握る強さは好みでいいが ストローク中に変えないことが鉄則

グリッププレッシャーの強さは、好みでOK。強く握っても弱く握ってもいいが、ストローク中に強さが変わると距離感や方向性が乱れてしまうので、一定の強さを保つことが大切

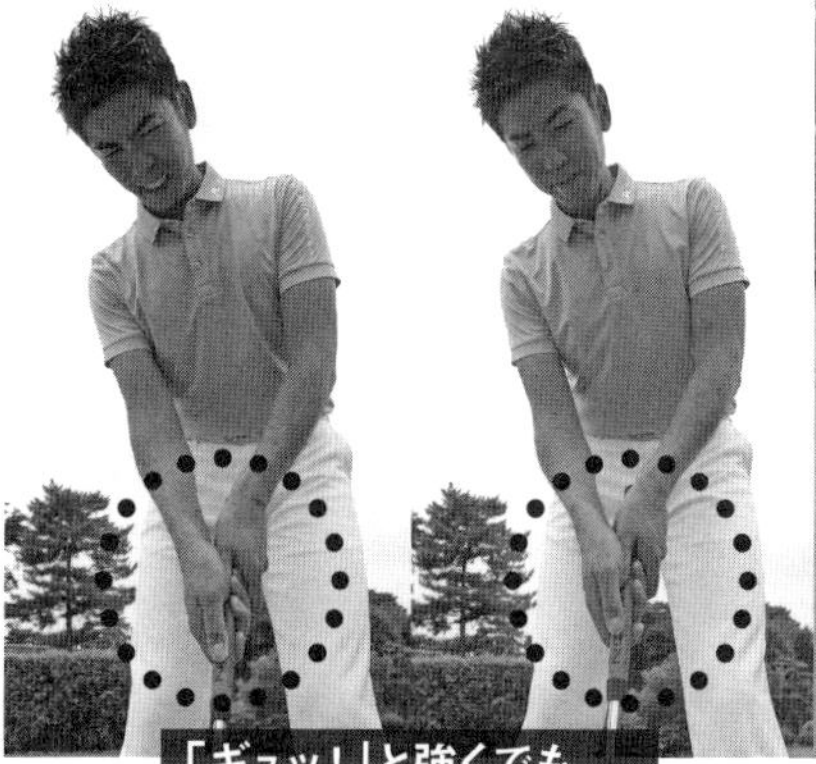

「ギュッ!」と強くでも
「フワッ」とソフトでも○

握る強さを
キープしたまま
ストローク

×
途中で力が入って
強く握ると、
ロフトが立ったり
パンチが入ってしまう

×
ストローク中に握る強さを
弱めてしまうと、
フェースが開いたり
ロフトが寝てしまう

両手の位置でストローク軌道が決まる

正しいアドレスの冒頭で、両手のポジションは飛球線後方から見て、肩の真下にセットするといいましたが、これはストロークに影響するからです。

そのメカニズムは、とても単純です。**両手を真下にセットすると肩を動かすショルダーストロークで振ったときに、軌道はゆるやかなイン・トゥ・インになる**からです。両手がカラダから離れると イン・トゥ・インが極端に、両手が近づくと手打ちになりやすくアウト・トゥ・

両手を肩の真下にセットすると ゆるやかなイン・トゥ・インになる

カラダの回転に合わせた イン・トゥ・イン軌道で振るには、両手を肩の真下にセットする。どんな構えでも守るべきポイントだ

アウトや不安定な波を打つ軌道になる。これは、データを重要視するショートゲームの専門コーチ・デーブ・ペルツが明らかにしているデータで、彼のメソッドの基礎中の基礎でもあります。**フィル・ミケルソンや、上体を深く曲げるミッシェル・ウィーの独特な構えでも、両手は必ず肩の真下にセットするように指導しています。**

極端なイン・トゥ・イン軌道になって、フェースが大きく開閉しやすい。ヒッカケのミスが出てしまう

アウト・トゥ・アウト軌道になってボールを押し出してしまう。軌道が波を打ちやすいので安定感もなくなる

パターの動きは握り方と連動
前腕とパターは一直線

ヒジからヘッドまでを一直線にすると、
パターを上手に操作性できる

パターをイメージどおりに動かす、逆の言い方をすると勝手に動かないように**制御するポイントが「前腕とパターを一直線」にした構え**です。これは、パームグリップと連動するので、グリップを生命線に沿えてパターをタテに握るカタチがマストになります。

前腕とパターのラインを

一直線にして振ると同調性が高まる

カラダとパターが一体化するので、ストローク中のヘッドの動きやフェース向きをカラダの動きと同調させられる

一直線にすると、腕をシャフトの延長線として使えます。**腕とパターの一体感が高まるので、カラダの動きに連動してパターをコントロールできるのです。**

手首に角度をつけるとヘッドが急加速してしまいますが、手首をロックできるので一定のスピードで振れる。軌道やフェース向きの余計な動きを抑え、スピードを安定させる効果が絶大です。

腕のカタチは「三角形」「五角形」のどちらがいい？

腕の構え方も選手によってさまざま。大きく分けると**「三角形」と「五角形」の2タイプがありますが、これもどちらでなくてはいけないという決まりはありません。**計測されたデータ上は、三角形でも五角形でも、ストローク中の軌道やパターの角度の数値が理想値から遠ざかってしまう傾向はないとされています。

となると、「振りやすい」「ミスが防げる」という点が選択のポイントになります。実際に構えてみるとすぐにわかりますが、三角形は両ヒジが伸びるので腕にテンションがかかります。**アドレス時のカタチをキープしたままストロークできるので、打点やフェース向きのブレは出にくい**傾向にあります。

五角形は、両ヒジを曲げるぶん、ホールド感はなくなりますが、手元やカラダがリラックスできます。ストロークがスムーズになるのでテンポを一定に保ちやすいのが長所。**リキみやインパクトでパンチが入るのも防げます。**これらを参考に、自分に合うカタチを選んでください。

三角形はアドレス時のカタチをキープしやすい

腕の中のカタチを三角形にすると、腕にハリが出る。三角形のカタチをキープしたまま振れるので、フェース向きや打点がズレにくくなる

五角形はリキまずスムーズに振りやすい

ヒジを深く曲げると腕のハリはなくなるが、テンションが弱まるぶんリラックスできる。リキみがとれるので、ストロークのスピードが一定になりやすい

下半身は固定するがそれだけでは50点

下半身を固定するとストロークが安定する、というのは間違いではありません。しかし、単に固定するだけではダメ。たとえ微動だにしなくても、その影響で「カラダがスムーズに動かない」「上体にムダな力が入る」となるのは本末転倒です。

下半身を完全固定するだけでは50点。**正確で再現性の高いストロークの妨げになるほど固定するよりも、多少は動いてもいいというのが欧米のロジック**です。

バランスを保つコツになるのが、スタンス幅。自分に合うスタンス幅で構えれば、上体も下半身も固定したまま、なおかつカラダをスムーズに動かせます。適正なスタンス幅はどうやって見つけるのか、次ページで紹介しましょう。

下半身は固定したほうがよい、とされているが、度が過ぎてストロークがしにくくなるのはNG

下半身固定にとらわれすぎて上体がブレるのは本末転倒！

プロのパッティングを見ると、両ヒザの位置や向きがまったく変わらない。これをまねるときは、頭や上体の傾きに注意。無理に固定しようとして上体がブレていることに気づかない場合が多い

スタンス幅は広いほうがいい？　狭いほうがいい？

適正なスタンス幅については、マイク・アダムスによってチェック法が確率されています。

その方法は、まず、アドレスと同じくカラダを前傾させた状態で、両腕を脱力してダランと下ろします。次に**手の甲を正面に向けて親指を立てて、両指先を一直線にそろえます**。そのまま腕を左右に繰り返し振ってみてください。下半身をなるべく動かさずに、**両親指の指先が向き合ったまま腕が振れたら、それがあなたの適正なスタンス幅**になります。とても簡単でわかりやすい方法なので、ぜひやってみてください。

マイク・アダムス

米国ゴルフダイジェストが選出する「全米トップ50コーチ」において、つねにトップ10にノミネートされる米国出身の有名コーチ。2015年にはPGAティーチング殿堂入りをはたし、2016年にPGAレッスンオブザイヤーに輝く。マイク・アダムスらが提唱するゴルフスイング理論「バイオスイング・ダイナミクス」は、多くのゴルフコーチに評価されている

適正なスタンス幅のチェック法

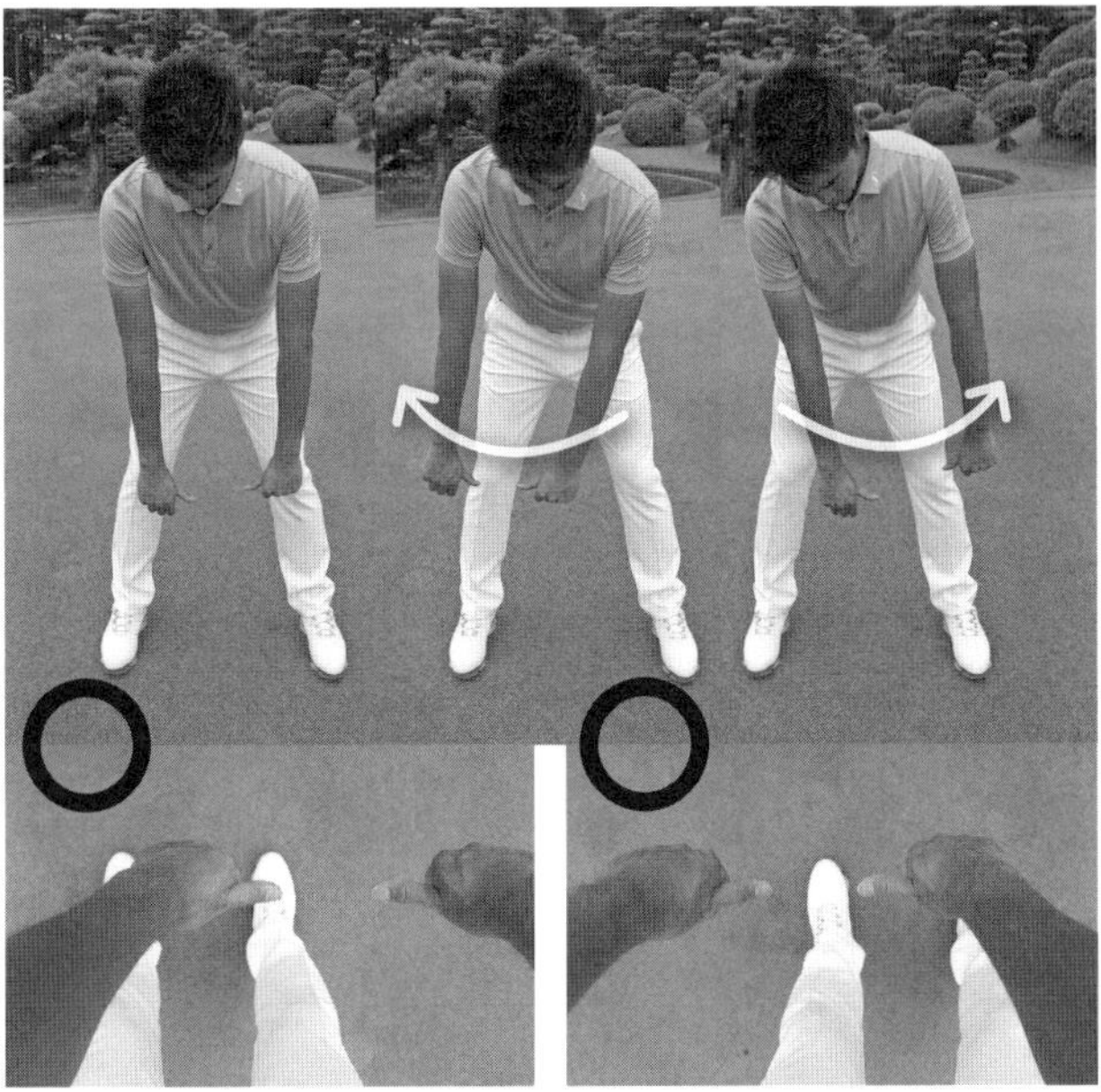

アドレスと同様に前傾して両腕を下ろす。手の甲を正面に向けて親指を伸ばしたら、両親指の先の向きをそろえる。腕を左右に振っても親指の先がズレない、下半身も大きく動かないなら、それが適正なスタンス幅になる

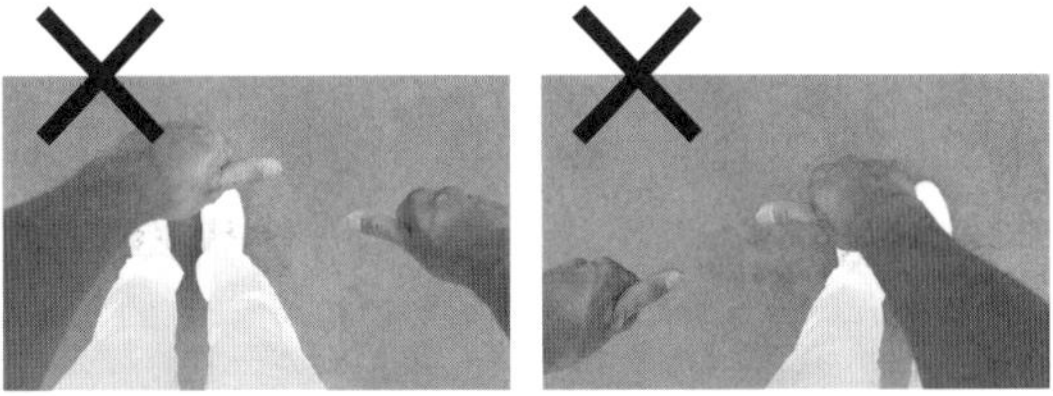

腕を左右に振ると、片手が内側や外側にズレて親指の先同士が向き合わない、指先をそろえようとすると下半身が大きく動くといったスタンス幅は不適正。スタンスの幅を広げたり、狭めたりして自分に合う適正な幅を見つけよう

まずは目線をセットアップ カラダの向きはあとから決める

みなさんはパッティングで、「目線」をどのくらい気にしていますか？　打った直後にすぐにボールやカップを見てしまう、ヘッドアップしないようにするぐらいは意識しているでしょうが、アドレス時やストローク中にどこを向いているかには無頓着ではないでしょうか。欧米のティーチングは、データや数値を重要視すると前述しましたが、それらを改善するポイントとして、**真っ先に修正されるのはカラダの向きや動きではなく、「アイライン（目線）」**なのです。

ロジカルなコーチたちはさまざまな練習器具を使って指導します。ターゲットに向けたスティックやロープは、ストロークや方向性のガイドラインも兼ねていますが、アイラインのチェックや修正に用いられているケースが多く、それほどアイラインを重要視しています。カラダの向きは、正しいアイラインが決まったあと。**アイラインさえ正しければ、カラダはどんな向きでもかまわないといっても過言ではないのです。**

アイラインとターゲットラインをピッタリ合わせる

両眼を結んだラインをターゲットラインに合わせ、さらに「地面と平行」「角度を合わせる」ことが入るパッティングの絶対条件。アイラインによってアドレスもストロークもよくなるので、必ずチェックしよう

パッティングの指導にもさまざまな練習器具が使用されるが、おもに「アイライン」のチェックと修正に用いられることが多い

ズレに気づける
アイラインのチェック法

アイラインのチェックは、前ページの写真のように足元と目線にシャフトを合わせて確認する方法があるが、カップ（目標）の左右にボールを置くチェック法も効果的だ。カップの左右にボールを1個ずつ置いてターゲットラインとアイラインをそろえたら、まずカップ方向を見る

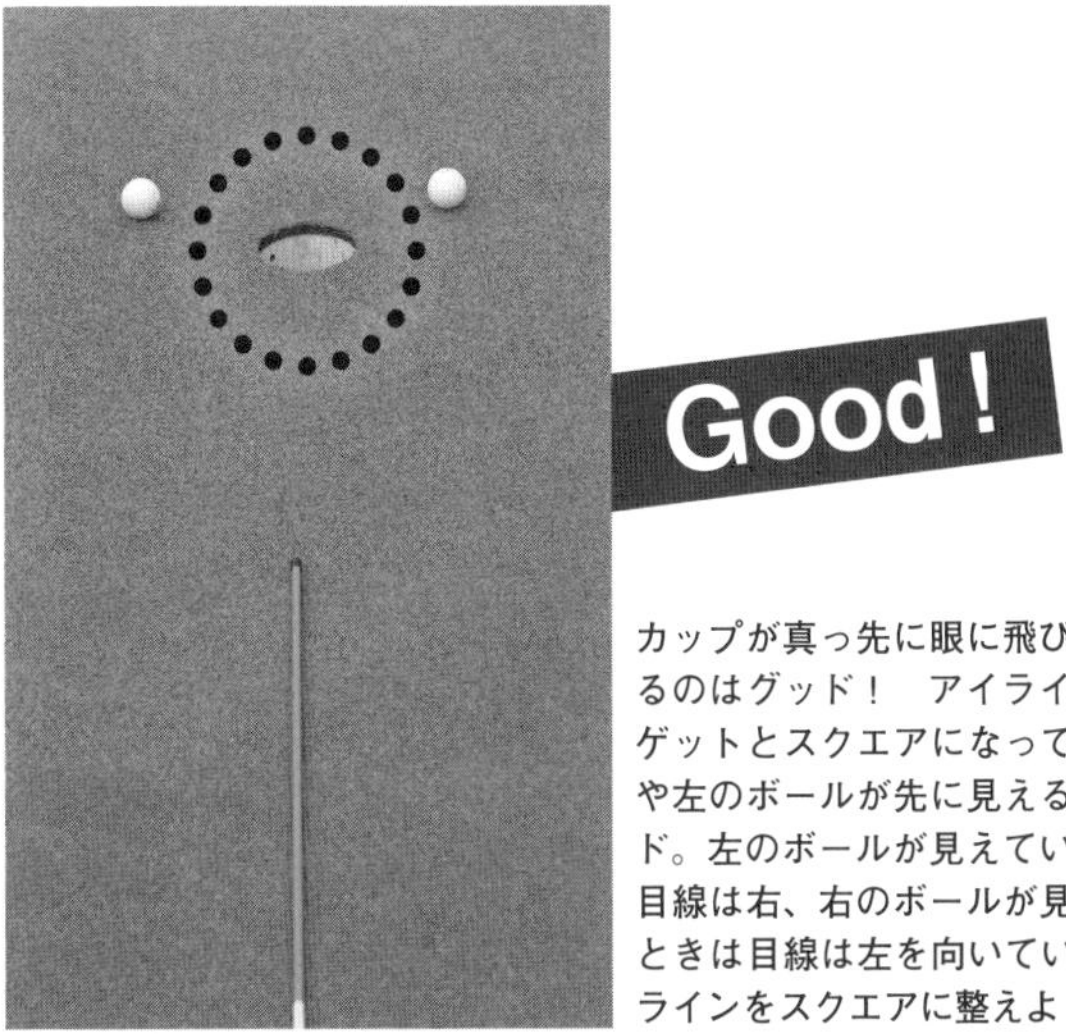

カップが真っ先に眼に飛び込んでくるのはグッド！　アイラインはターゲットとスクエアになっている。右や左のボールが先に見えるのはバッド。左のボールが見えているときは目線は右、右のボールが見えているときは目線は左を向いている。アイラインをスクエアに整えよう

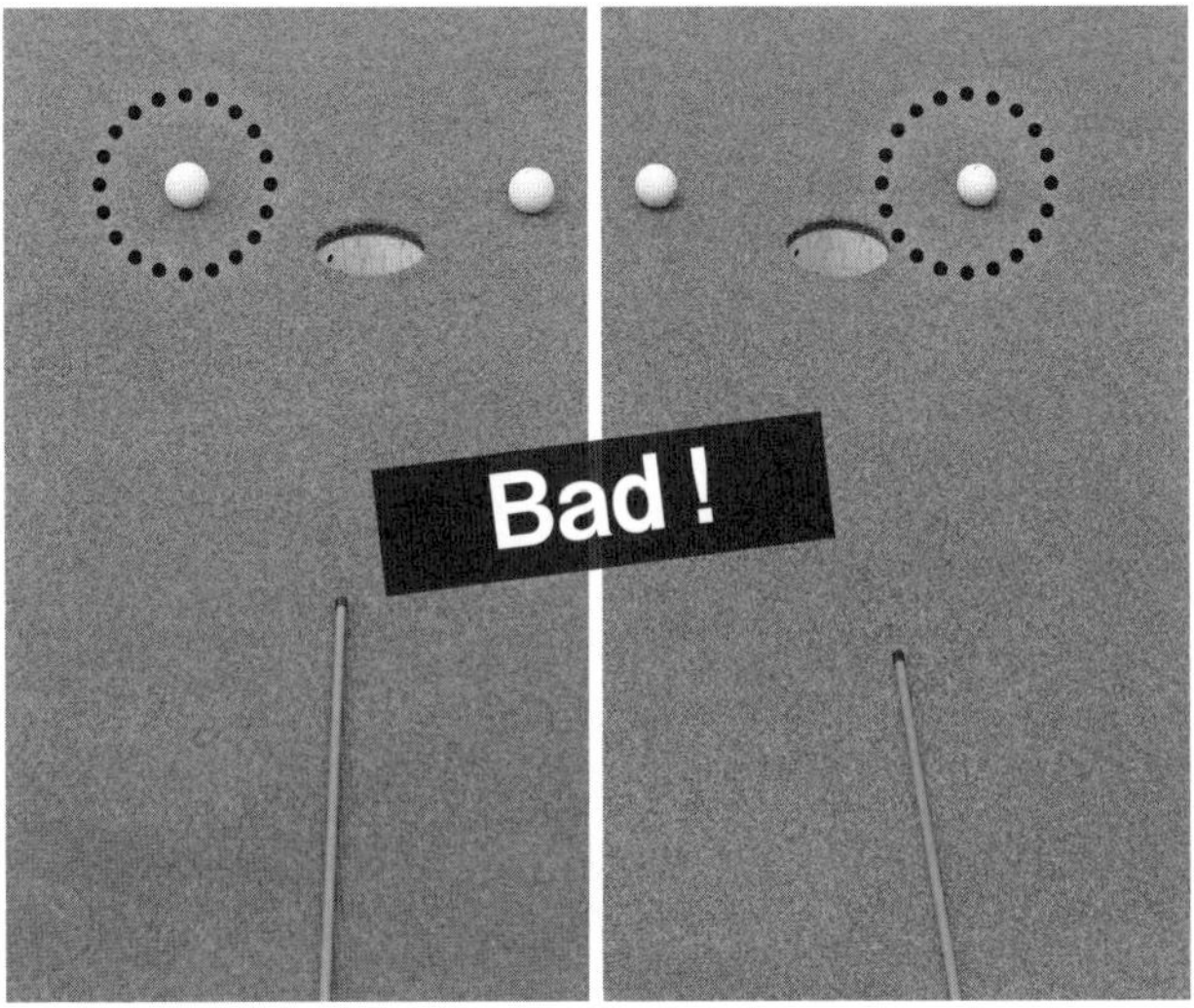

ボールは左眼の下にセットする

アイラインと足元のターゲットラインを重ね合わせるのが絶対条件ですから、**正しいボール位置は必然的に決まってきます**。ボールは両眼の真下、垂線上にセットしてください。また、詳しくは後述しますが、アッパーブローでヒットするので**左右の位置はやや左**。**左眼の真下**になります。

正しいボール位置は決まっている

前後左右のどこでもいい、ということはなく、左眼の真下が正しい位置。この位置にセットしないと、肝心なアイラインがうまく合わない

眼の前後位置がどこにあるかで軌道が変わってしまう

アイラインの角度がターゲットラインと重なり合わない原因のひとつに、目線の位置がボールよりも前や後ろにあることがあげられます。奥から覗き込むような見方と手前から見る状態です。目線をボールの真上にして、ラインと重ね合わせているつもりなのに、ラインがズレて見える人はここをチェックしましょう。

奥から覗き込んでいるときはラインが左を向きます。真っすぐストロークをしているつもりでもヘッド軌道はアウト・トゥ・インになってしまう。反対に、頭の位置がボールより手前で下目で見ているときは、ラインが右を向く。こちらはイン・トゥ・アウト軌道になってしまいます。

修正法としては、**頭の位置を前や後ろにズラしてみるのがおすすめです。少しずつ補正しながらターゲットラインが真っすぐ見える位置を探して**「ここ！」という位置が見つかったら、実戦でもそこにセットする感覚をカラダに覚え込ませてください。

頭の前後の位置もチェック！

目線をボールの真上にセットしているつもりでも、無意識に頭が前後にズレてラインと合っていない場合が多い。意図的に目線を前後にズラして、ターゲットラインと重なる位置を見つけよう。

頭がかぶりすぎるとラインが左を向く。その向きに合わせて振ると、軌道はアウト・トゥ・インになってヒッカケてしまう

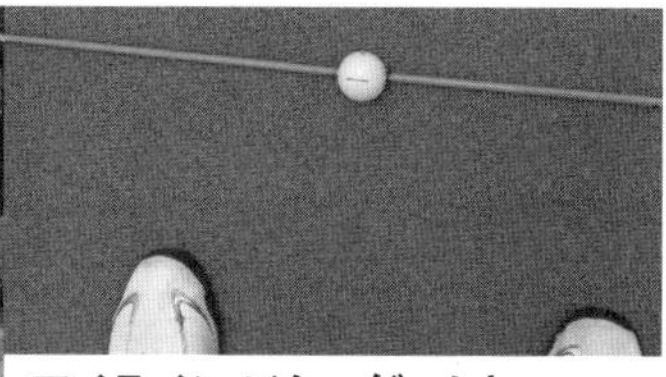

アイラインがターゲットと合っていないケースで多いのが、頭が手前にきている構え。ラインが右を向いてしまう

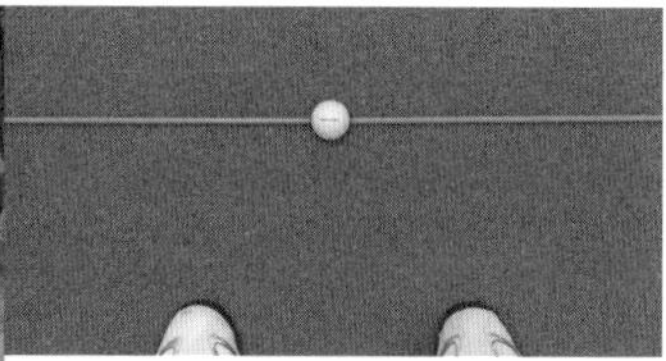

奥も手前もひと通り試すと、アイラインとターゲットラインのズレに気づきやすいし、ぴったり合う位置を見つけられる

アイラインに影響する首の角度

首の角度にも要注意。両眼をターゲットラインの真上にセットしても、**首が左右に傾くとアイラインがズレてしまいます**。私自身も右に傾くクセがありますが、これまでレッスンしてきた生徒さんも、約8割はどちらかに傾いていました。背骨を地面と垂直にしたら、カラダの軸をしっかり保ち、同時に首の角度も真っすぐにしましょう。

ここでさらに気をつけたいのが、首の前後の傾きです。首を左右に傾けず真っすぐ立てても首の角度が浅いと下目にボールを見ることになり、目線のズレを起こす原因になります。**首を前に傾けて、顔を地面と正対させるイメージをもつと、アイラインをターゲットラインに合わせやすくなります**。

正しい首の傾きを覚えるには、首の後ろにボールの空き箱を乗せて、落ちないようにするドリルが効果的。首の前傾が浅いと箱は乗りませんし、アドレスでもストローク中でも左右に傾くと箱は落ちてしまいます。上体が前かがみになりすぎないようにしながら、後頭部から背中のラインを少しだけ深く傾け、首の傾きを正してください。

首は少し前傾させて地面と正対させる

首の角度は、後頭部と背中のラインに少し角度をつけて顔と地面を正対させるくらいの傾きにする。ボールの空き箱を乗せても落ちない角度が○

左右の傾きにも注意。アドレス時だけでなくストローク中も、首が傾くとアイラインがズレてストロークが乱れてしまう

カラダのスクエアな向きが目線もスクエアにするとはかぎらない

アイラインを正すには、スクエアなアドレスが必要なのでは？　と考えるのが普通ですから、これまでメソッドを学んだロジカルなコーチたちにも、この質問を投げかけてみました。目線をスクエアにしたければ、カラダのラインもスクエアにするのは至極当たり前だと思いましたし、ショットでも真っすぐ打ちたければカラダ全体を目標とスクエアにするのが大事だからです。しかし答えは**「アイラインが合っていれば、ほかの向きはどうでもいい」**でした。

その理由は、**必ずしもスクエアなアドレスが、アイラインをスクエアにすることとイコールにならない**からです。肩のラインやスタンスをオープンにして構えるとフォローが出しやすくなりますが、これがアイラインをアドレスだけでなくストローク中もブラさない効果につながるタイプもいるのです。オープンとは逆のクローズドスタンスは、カラダの開きを抑えたりインパクトでゆるまないのが利点で、これが正しいアイラインをキープし続けるために役立つ場合があります。

アイラインがスクエアなら 構えはオープンでもクローズでもOK

カラダの向きはスクエアが絶対ではない。アイアランがアドレスもストローク中も足元のターゲットラインとそろうなら、カラダはどんな向きでもOK。オープンやクローズのほうが正しいアイラインにセットできて、ストローク中もその向きが変わらないタイプもいる

体重配分も目線に影響
前後左右5対5で構える

体重移動を行わないパッティングは、ウエイトコントロールが疎かになりがちですが、アドレスでの体重配分は意識する必要があります。**体重配分は右足5対左足5。さらに、ツマ先とカカトに乗せる前後の配分も5対5**にしてください。

体重配分は、アイラインに影響してきます。カラダは体重がより多く乗ったほうに傾きやすい。右足体重になればカラダは右側に傾き、アイラインは右にズレしまう。前後でもツマ先体重は前かがみになりやすいので、ボールを覗き込んでアイラインは左にズレる。**アライメントやストロークに影響するアイラインのズレを防ぐためにも、前後左右とも5対5の均等配分が原則**です。

体重配分を前後左右とも均等にするには、片足荷重を行ってからニュートラルな状態に戻すのが方法です。左右なら右足→左足→右足、前後ならツマ先→カカト→ツマ先と交互に荷重してみて、体重が均等にかかる位置を探る。最終的には足裏の土踏まずに乗るようにすると、5対5の配分を上手に作れます。

5対5のバランスが崩れると アイラインがズレてしまう

体重配分が変わると、アイラインも左右にズレてしまう。×写真のように片側に多く荷重してしまうアドレスはNG。前後左右とも5対5の体重配分で構えよう

右足荷重

左足荷重

ツマ先荷重

カカト荷重

アイラインは入るパットの肝!

本書のレッスンで、吉田が強く伝えたいことのひとつが「アイライン（目線）」。アイラインをアドレスからストローク中まで足元のターゲットラインとそろえることは、欧米のティーチングの基本で、必ずマスターしたいポイントだ

両眼を結んだライン(アイライン)と足元のターゲットラインのふたつはオールスクエア。ふたつのラインをぴったり重ね合わせよう

ロジカル・パッティング

LOGICAL PUTTING

Part 5

２つのストローク法

ストロークでもっとも大事なのはフェース向き

アイラインでセットアップを決めたら次はストロークですが、その前にもうひとつ興味深いデータを紹介しましょう。これも測定器のＳＡＭ（Ｐ38参照）が計測したデータですが、ＰＧＡツアーの選手のアドレス時のフェース向き（フェース角）の平均は、スクエアではありません。０・32度オープン、わずかですが開いています。

これは、速いトーナメントのグリーンに対応するため、スピードをなるべく抑えたいという意識の現れと考えられますが、「さすがは世界のトッププロ」と感心するのが、インパクト時のフェース向きです。ＳＡＭの計測値は平均０・30度オープン。つまり、アドレス時のフェース向きか

PGAツアーデータ	平均
アドレス時のフェースの角度	0.32度（オプーン）
インパクト時のフェースの角度	0.30度（オプーン）
フェース角度の変化	0.02度

ら0・02度しかズレていないのです。これは驚くべき再現性の高さです。

フェース角は、SAMの資格認定のための基礎知識「SAMパットラボ レベル1」の第1章が「パターフェース角度」という項目から始まっているくらい重要視されています。

そこには、次のように書かれています。

◎インパクト時のフェースの角度
●ボールのコロがり方向に対する最重要要因
●約70%、ボールのコロがり方向を決定する
●1・1度のフェース曲がりは、4メートルのパットを打ちそこなう結果となる
（ストローク軌道方向が真っすぐだとしても）
●ストローク軌道に比べ、4倍重要である
●1度のフェース曲がりは反対方向に4度のストローク軌道方向により埋め合わせられる
●バラつきのなさ（安定性）が最重要である
●アドレス時に正確でないと、インパクト時にも正確でなくなる

これを見るとフェース向きがいかに大事かがわかりますが、ツアー選手はこれらの要所を抑えています。とくにアドレス時の角度はわずかにオープンでも、インパクト時の誤差は0・02度と、構えたときとほぼ同じ向きで打っているから入るのです。

フェース向きの管理はアドレスから始める

前のページで紹介した「SAMパットラボ レベル1」の内容を見ると、「約70％、ボールの方向を決める」「ストローク軌道に比べ、4倍重要である」など、入るパットを打つためには、フェース向きがいかに大切かがわかります。なかでもアマチュアには、一番最後に記載されている**「アドレス時に正確でないと、インパクト時にも正確でなくなる」は肝に銘じてほしい項目。**実際に欧米のコーチは、はじめにアドレス時のフェース向きをかなりチェックし、その向きを正すためにアイラインなどを修正するティーチングを行っています。

方向性にバラつきがある人の原因を探っても、アドレス時にフェース向きがきちんとセットできていないパターンがとても多いのですが、振り幅が小さいパッティングはショットに比べて正確なフェース向きが求められます。ショットは振り幅が大きいので、スイングの動きのなかでフェース向きを補正できる。しかし、パッティングでは、**小さい振り幅**

のなかでできることが自ずと決まってくるし、補正できる範囲も限られてしまいます。

結果からいえば、インパクト時のフェース向きが目標に対してスクエアであればいいのですが、向きがズレているフェースをインパクト時にスクエアにするような打ち方は、再現性や合理性にかけることも事実。〝最初からスクエア〟がベストなのです。

スクエアフェースでインパクトしたいならアドレス時のフェース向きをスクエアにする

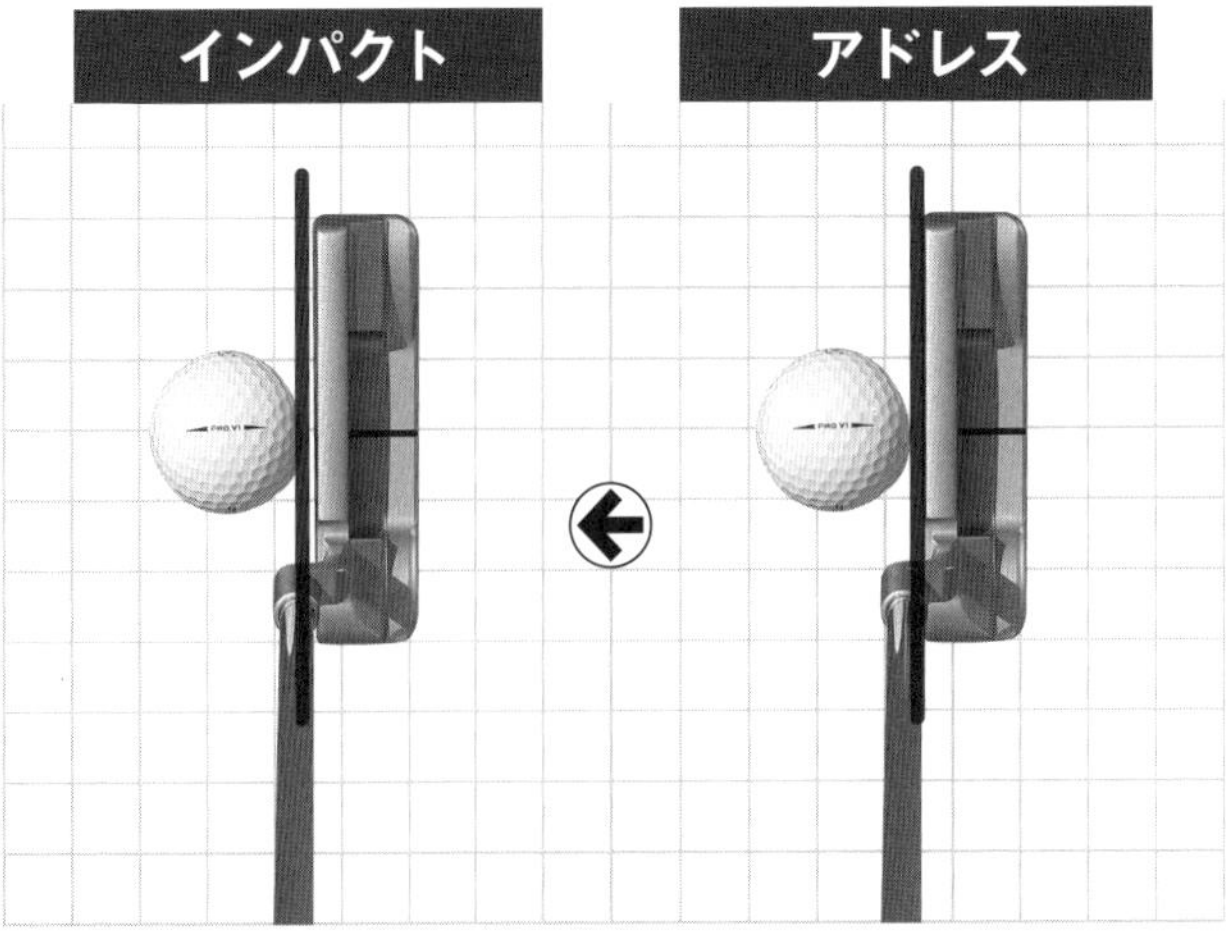

打球の方向性に影響するフェース向きは、アドレス時に目標に対してスクエアに向けることが大切。スクエアヒットのインパクト作りはここから始まる

フェース向きを正しくする2大ストローク

カップインするパットにはフェース向きが重要で、インパクト時の向きを目標に対してスクエアにすれば、狙ったラインに正確に乗せられる。データから見れば、まさしくそのとおり。しかし、パッティングはカラダやパターを動かして打つものです。**動かしている間（ストローク中）に、いかに軌道とフェース向きの管理ができるか、これがカギ**となります。

ストロークには「イン・トゥ・イン」「ストレート」のふたつの軌道があげられ、そのどちらがいいのかと、迷うところでもあります。結論からいえば、どちらでもOK。**世界の一流選手もこのどちらかのタイプに分かれ〝世界の2大ストローク〟といわれています。**世界欧米のロジカルなパッティングコーチのほとんども、指導や理論がこの2タイプ、または双方のいいところ組み合わせた中間派に分かれます。

本書はこのストロークの適正を見極め、マスターすることを大きなテーマとしています。

世界の２大ストローク

イン・トゥ・イン軌道＝【振り子ストローク】

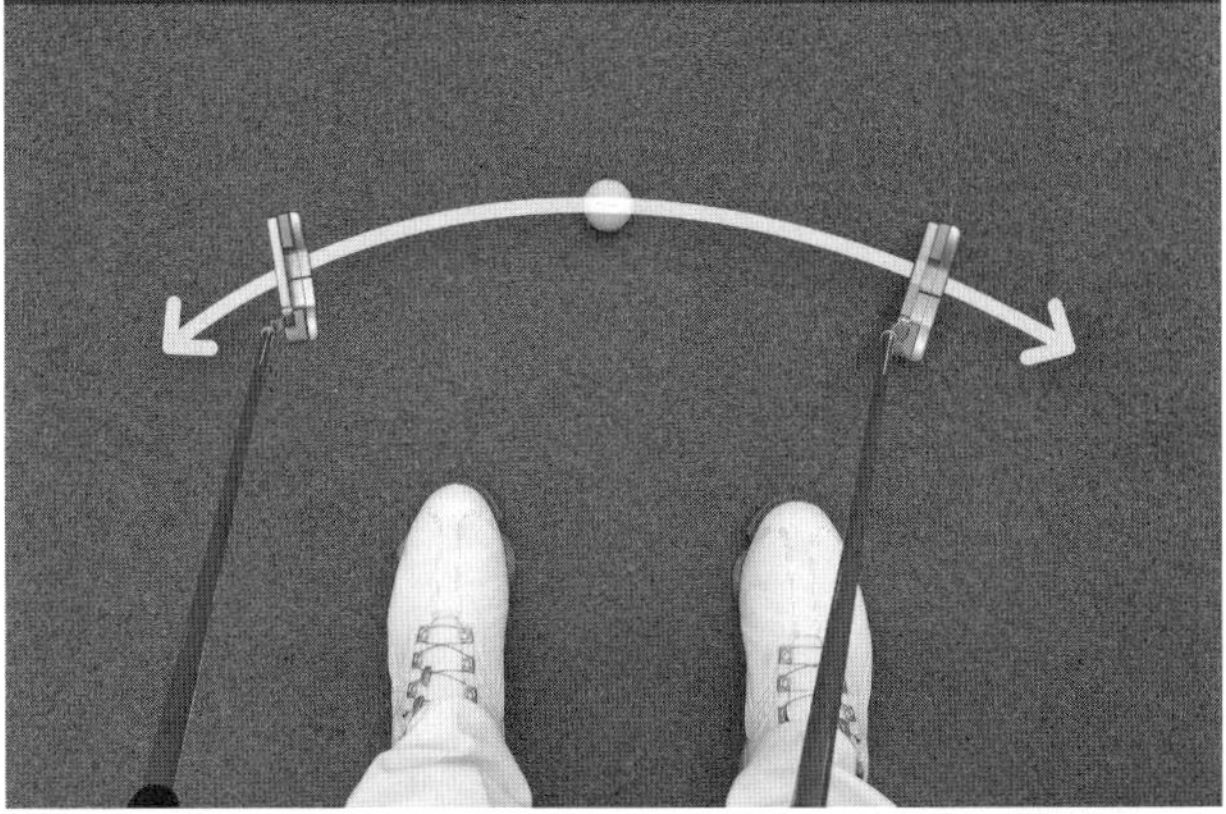

ストレート軌道＝【直線ストローク】

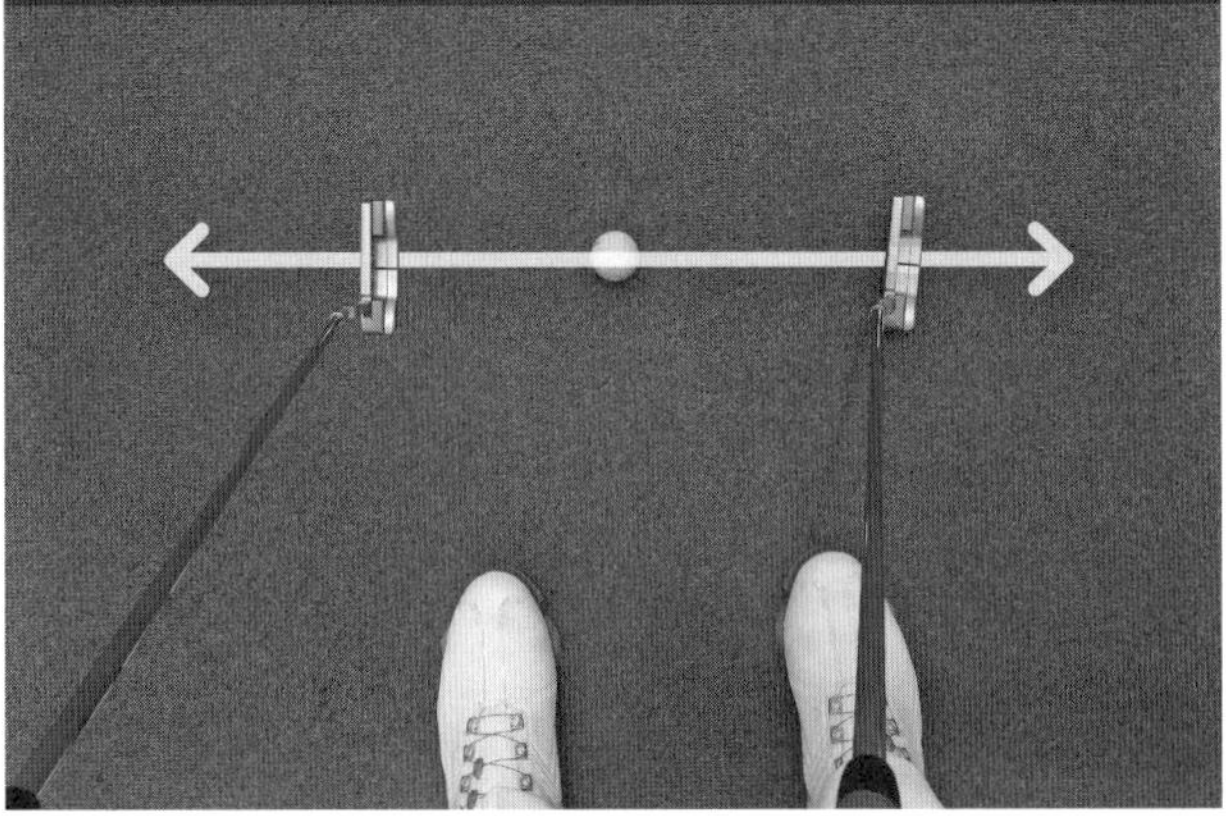

軌道タイプは「イン・トゥ・イン」でも「ストレート」でもOK。パターの動きやさまざまな角度が理想値に近づくタイプを選ぼう

ツアー選手の大多数は振り子ストローク

「振り子派」「振り子ストローク」のタイプは、軌道がイン・トゥ・インになります。その特徴は文字どおり〝振り子〟。支点を作って腕やパターを振り子のように動かす打ち方です。軌道はカラダの回転に沿った、ゆるやかなイン・トゥ・イン。それにともないフェースも少し開閉します。カラダの回転でストロークをするので、動き全体がナチュラルで腕や手に余計な動作をさせない。軌道やフェースが管理しやすく、ブレにくいのがメリットです。

多くのツアー選手がこのストロークを用いてますが、**振り子ストロークの最大のポイントである、軸と支点をキープしながらカラダを回すには、柔軟性が必要**です。したがって、ショットのように勢いや反動をつけないとカラダが回しにくい、カラダが固いという人には不向きだといえます。あとのページ（P130）で、自分の柔軟性がわかるチェック法を紹介するので、テストしてみてください。

振り子ストロークの特徴

◎軌道はイン・トゥ・イン　◎フェースの開閉量は多め
◎カラダに支点を作る　◎手打ちが防げる
◎動きがシンプル

カラダに支点を作って左右に回転。肩を動かし腕とパターを振り子のように振る

ブレない、傾かない 軸のキープは必須要素

振り子ストロークの支点は、カラダの軸線上に作ります。ストローク中、支点がブレないように軸のキープはマストになります。これは、パターカバーを首の後ろに乗せたまま振ってチェック&マスター。ストローク中に軸が左右にズレたり傾くと、パターカバーが落ちてしまう。落ちる方向によって、軸が傾く方向を知ることもできます。

パターカバーを
首の後ろに乗せて
軸の傾きやズレをチェック

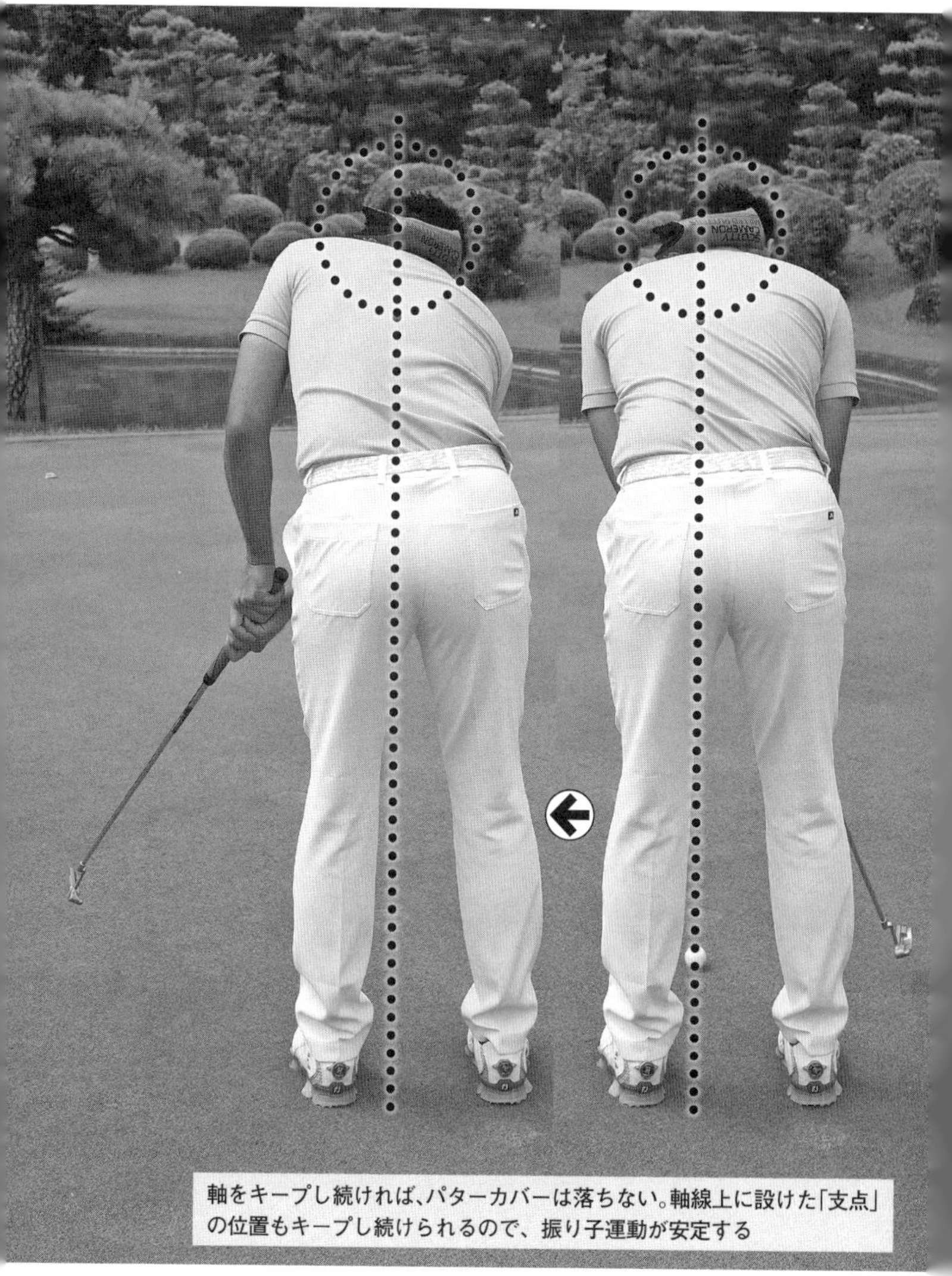

軸をキープし続ければ、パターカバーは落ちない。軸線上に設けた「支点」の位置もキープし続けられるので、振り子運動が安定する

支点はカラダの中
手元に設けない

振り子の支点となる部分は、カラダの中に設けます。手首に設けてしまうと手首の角度が変わりやすいので、ロフトやフェース向きが理想値から遠ざかる原因になってしまいます。グリップを指先で握って振ると手首が使えなくなり、カラダの中の支点をイメージしやすいので試してみてください。

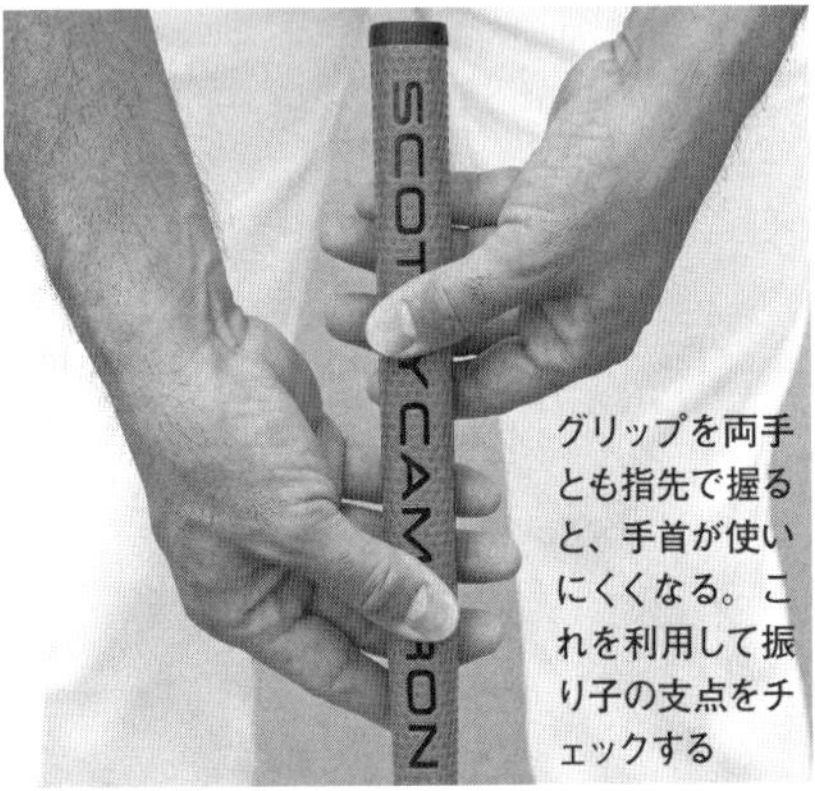

グリップを両手とも指先で握ると、手首が使いにくくなる。これを利用して振り子の支点をチェックする

グリップを指先で握って確認

指先で握ったままストローク。手首の角度が崩れず、支点もカラダに設けて振る感覚がわかる

振り子ストロークをマスター ③

カラダとパターの一体感をつかむ

グリップエンドを丹田に当てると支点を意識できる。支点から先の腕や手、パターが一体化するので、正しい振り子運動ができる

支点を設けて振る感覚自体がうまくつかめない人は、グリップエンドを丹田《たんでん》（みぞおち）に当てたままストロークしてください。グリップエンドを支点にすると、カラダとパターは一体化して同調するので、正しい振り子運動ができます。クラブはユーティリティの長さ（40インチ前後）がちょうどよく、グリップエンドを丹田に当ててもパターと同じ感覚で振れます。

直線ストロークはアマチュアにおすすめ

「直線派」「直線ストローク」のタイプは軌道がストレートになります。テークバックはわずかにインサイドにヘッドを引きますが、**インパクトゾーンからフォローにかけては、左手リードで手元とヘッドを目標へ真っすぐ出していく。**イメージとしては、軌道は完全に直線でOK。フェースの開閉もゼロにします。

ストロークに意図的な操作が入るので、再現性や安定性が下がる懸念がありますが、軌道やフェース向きを真っすぐにする意識が高まるので、方向性に難のあるゴルファーには向いています。また、切り返しからフォローにかけて手元を動かすので、カラダの柔軟性が低くても振りやすいのがメリットです。

ツアーでは少数派ですが、**頭や下半身を固定するとパターをスムーズに振れないという**

アマチュアにとっては、方向性アップのためにぜひ試してもらいたいストロークです。

直線ストロークの特徴

◎軌道はストレート　◎フェースの開閉量はゼロ
◎手元とヘッドを真っすぐ出す
◎カラダが固くてもスムーズに振りやすい

ヘッドを直線的に動かし、手元のスライドでさらに直線の動きを強調する

左手1本でヘッドを真っすぐ出す

左手甲でボールを押し込むイメージをもちながら、目標に真っすぐ出していく。写真のようにグリップエンドを左手甲で押す練習も効果的

左手甲でボールを押し込む片手打ち

直線ストロークは左手の使い方がカギ。ですから、左手1本で打つ練習をたくさんしてください。手元とヘッドを、ボールを打ち出したい方向に向かって真っすぐ出す。このとき、左手甲でボールを押し込んでいくイメージをもちましょう。ヘッドを直線的に出すのと同時に、カラダや手元のゆるみも防げる。フェース面をスクエアに保ったまま振り出せます。

左手リードでヘッドを直線的に出していく。左手を目標にスライドさせて、左手甲でボールを押し込むように打つとゆるみも防げ、スクエアなフェース向きを長くキープできる

ハンドファースト気味にパターを引っぱる

出だしで直線に乗せるとその後は真っすぐ動かしやすい。筆で地面に直線を書くイメージをもって、ハンドファースト気味で切り返していくと直線的に動かし続けられる

切り返し直後は地面に直線を書くイメージ

軌道をストレートにするためには、フォローは左手甲でボールを押し込みますが、切り返し直後は左手でパターを引っぱるイメージをもってください。筆で直線を書くときにペン先よりも手元を先行させる感覚と同じです。インパクトはハンドファースト。真っすぐな線を引くように動かすと、ストロークも真っすぐになります。

直線ストロークをマスター ③

シャフトをなでながら左手を動かす

手元にガイドラインを作って、インパクトゾーンで手元を真っすぐスライドさせる感覚を養いましょう。左手でパターを持ったら、右手はシャフトを持ってターゲットラインと平行な向きで左手首に当てる。ストローク中は、左手首がシャフトをなぞるように振っていきます。

手元にシャフトを当てて真っすぐを体感

手先で振らず、ショルダーストロークで振る。肩を動かすぶん、フィニッシュで手元やヘッドが少し上がる。手首に当てたシャフトのラインも上を向くのが、自然で正しいカタチ

手元にターゲットラインと平行に向けたガイドラインを作り、左手でそのライン（シャフト）をなぞる

グリーンの高速化で減ったタップ式

ストロークタイプには、タップ式もあります。特徴を解説すると、グリップエンドを支点としてヘッドを振り上げ、アドレスの位置へ振り戻す。**振り子運動ではありますが、インパクトは打って終わりなので、ストロークというよりも「ヒット」する打ち方**です。代表的な選手といえば、青木功プロでしょうね。

タップ式の大きなメリットは、強く打てることです。昔はトーナメントでも今ほどグリーンが整備されてはいなかったので、「打たなきゃ入らない」という、ある程度強いコロがりを出さなくてはいけないケースが多かったことから用いられました。

しかし、タップ式は速いグリーンに合わせてヒットする感覚を調整するのがむずかしい打ち方です。グリーンが高速化した今は、時代とともに減り、あまり見かけなくなりましたね。

強く打てるのがメリットだが 強弱のコントロールがむずかしい

タップ式は手元を支点にした振り子運動のストローク。強くヒットできるので、芝が長く目の強いグリーンでしっかりコロがせるのがメリットだが、速いグリーンには対応しづらい

オーバーとヒッカケ矯正は振り子
ショートとプッシュ矯正は直線

振り子派と直線派の適正は、出がちなミスからも選択できます。オーバーとショート、ヒッカケと押し出し（プッシュ）の4大ミスの原因を考えると、振り子と直線それぞれのストロークの特徴を利用して防げるミスがあるのです。ミスの原因と適正ストロークタイプ、防止できる理由は、次のとおりです。

【オーバー】原因：手元が先行してロフトが立つ。インパクトが強くなってしまう
適正ストローク：振り子
防止法：カラダに支点を作って、カラダの回転とパターの動きをそろえる振り子で振ると、手元だけが先行する動きが防げる

【ショート】原因：手首をこねてヘッドが先行する。ロフトが寝て当たる
適正ストローク：直線
防止法：直線ストロークは、左手をリードさせてフォローでヘッドを目標へ

長く出していくので、左手首の角度がキープできる

【ヒッカケ】原因：カラダとフェースのターンの度合が、大きくなりすぎてしまう
適正ストローク：振り子
防止法：振り子は軸を意識して振る。軸の回転に沿ってカラダとフェースをターンさせれば、過度に回りすぎるのを防げる

【プッシュ】原因：ストローク中にゆるみ、軌道が波を打ったりフェースが開いてしまう
適正ストローク：直線
防止法：左手でボールを押し込む直線ストロークならゆるみにくい

◎**フェースがターンする度合でミスを修正**

オーバーとショートのミスは、手首の悪い動きをストロークが修正します。ヒッカケとプッシュの修正は、ストロークタイプが逆のほうが合うように思えますが、ヒッカケの場合は振り子ストロークのカラダやフェースをターンできる長所はそのまま活かし、フェースターンの度合を減らす方法で左への打ち出しを抑えます。プッシュは元々、軌道がストレートでフェースの開閉も少ないので、直線的に振るなかで押し出さない、正しいスクエアフェースを身につけることで素早く修正できます。

スマホなどで自分のストロークの動画や連続写真を撮って、ミスの原因となるカタチや動きになっていないか見るのもおすすめのチェック法。ここにあるミスのカタチと見比べてみよう。

オーバー

振り子ストロークをマスター

手元が先行してハンドファーストがきつくなり、ヘッドの入射角が鋭角になる。ロフトが立って当たるので、ボールが強く飛び出してしまう

ショート

直線ストロークをマスター

カラダがゆるんで左手首が甲側に折れる。ヘッドが先行して手元が遅れてしまう。ボールをなでる打ち方になるので、コロがりが弱々しくなる

4大ミスが出るのはこれが原因

自分のストロークと見比べてみよう!

ヒッカケ

振り子ストロークをマスター

インパクトからフォローにかけて、カラダもフェースもターンしすぎ。ボールをカラダ全体で追いかけるようなカタチになっている

プッシュ

直線ストロークをマスター

ヘッドがボールより外に上がって外に抜けるアウト･トゥ･アウト軌道。フォローでフェースが開いて目標より右を向く。打球が弱々しい

振りやすさに影響するカラダの柔軟性をテスト

ツアー選手を2大ストロークで分けると、振り子ストロークのほうが多く存在します。だからといって、振り子のほうがいい、と安易に決めてはいけません。**振り子ストロークは、頭や下半身を固定したまま軸をブラさずに上体を左右にねじる動きをするので、柔軟性が必要**。その柔軟性を試すテストがあります。

このテストで**上体をスムーズに大きく回せないカラダの固い人は、直線ストロークのほうが適正となる場合が多いです**。左のチェック法でテストしてみてください。

左右の肋骨に写真のように手を当てる

柔軟性のチェックテスト

左右に大きく回れない、回転しても頭や足が動く人はカラダが固い。直線ストロークのほうがいいストロークができる可能性が高い

軸をキープして胸郭だけを左右に動かせる（回せる）人は柔軟。振り子ストロークの適正がある

ＰＧＡツアーでは打点はトウ寄り 軌道はアウト・トゥ・イン

数値にこだわり、理想値を求める欧米のツアー選手とコーチたち。では、実際にＰＧＡツアーの選手たちがどんな数値を出しているか、これもＳＡＭによるデータが出ているので紹介しましょう。アドレス時とインパクト時のフェース向きに関しては１０７ページで話したとおり、両方ともわずかなオープンです。ほかのデータは１３４ページにまとめて掲載します。あくまでも平均値ですが、ツアー全体の傾向をつかむには信頼性の高いデータとされています。

それを見て気づくと思いますが、**散々こだわっているわりには理想値どおりではありません**よね。たしかに、理想値にはかなり近く、上下や左右が逆だったりはしません。でも、打点はセンターが理想なのに、ＰＧＡツアー選手の平均打点位置は、なんとトウ寄り。軌道はイン・トゥ・インかストレートが理想なのに、アウト・トゥ・インでストロークしています。

このデータに関して補足しておくと、トーナメントのグリーンが非常に速いことが影響していると考えられます。クローズフェースでイン・トゥ・アウト、打点もヒール寄りとまったく逆のストロークで打つと、ボールがつかまってイメージよりもボールスピードが上がってしまう。それを抑えるには、フェースがオープンであることも含めて、このデータどおりのストロークがベストというわけです。

数値はロジカルなティーチングやパッティング技術の向上に不可欠なものです。しかし、数値にこだわりすぎると「ミケルソンの成功例」（P50）で話したように、欠かすことのできない〝感覚〟をなくしてしまい悪い方向へと進んでしまいます。

それでも**数値を知らないよりは「情報としてもっている」ほうが、何倍も早く大きくレベルアップできることは間違いありません**。本書をご覧のみなさんもデータを見て覚え、たとえば「フェースは開閉するものなんだ」「インパクトからフォローにかけては、アッパーブローで振らなくてはいけないんだ」と、**漠然とでもいいので知識として取り入れておいてください**。数値を完ぺきに近づけるまでの作業をしなくても「そうなるもの」だとわかっていれば、これからのパッティング上達に必ず役立つときがくるはずです。

PGAツアープロの参考データと理想値

【打点位置】

	平均	理想値
左右方向のズレ	1.6ミリ トウ側	0ミリ

【ヘッド軌道】

	平均	理想値
インパクト時の方向	0.7度 左方向	0度

【フェースの回転量】

	平均	理想値
アドレス→トップ	4.1度	3.5度
インパクト→フィニッシュ	6.0度	5.0度

【ブロー角】

(ヘッドがインパクトからフォローに抜けていく角度)

	平均	理想値
ブロー角	2.8度アッパー	4度アッパー

フォームや動きには再現性を高めるための共通点がある

ツアー選手のストローク・フォームや動き方には、確固たる理由があります。選手に尋ねると第一声はみな同じ。「これが一番いい球が打てるから」。そこから突っ込んで聞くと、もっとも多い答えは「いつも同じ球が打てるから」です。

これは**ロジカルに解説すると〝再現性が高い〟ということ**になります。ストロークのデータを計測すると、インパクトはわずかなハンドファーストでロフトを立ててヒットし、軌道はアッパーブロー。これがベストなストロークとなりますが、そのためには、ボールポジションは左寄りで左眼の真下がもっとも合理的な位置になるのです。これ以外の位置にセットして、無理矢理ハンドファースト・アッパーを作るのは、不自然で再現性が低くなってしまいます。

それを、感覚でわかっている選手もいるし、数値やデータでメカニカルに理解した選手もいるでしょうが、**一流選手のやっていることは例外が少なく、ほぼ共通しています。**

ツアー選手の

“再現性を高める”

ための共通点

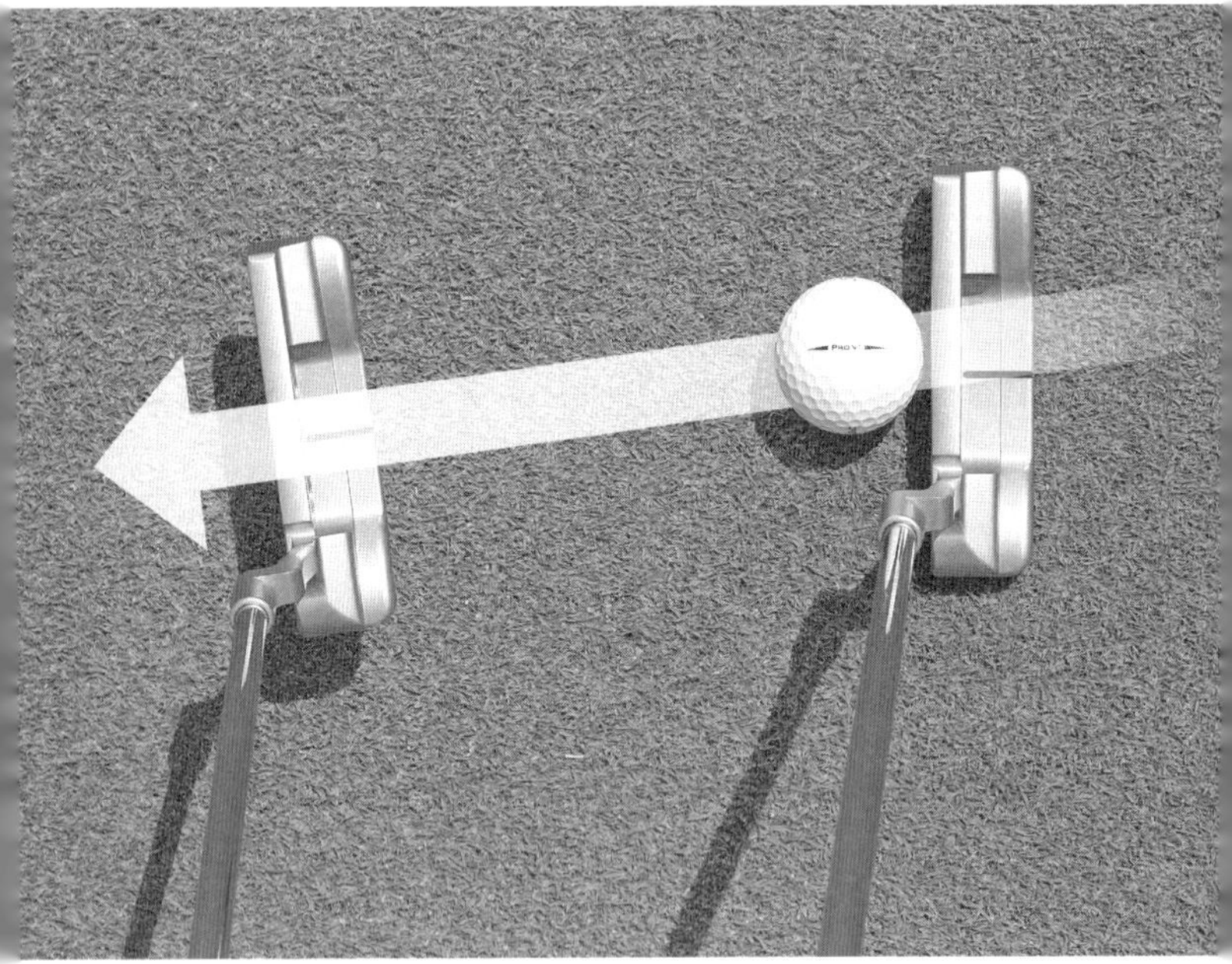

アウト・トゥ・イン軌道だから打点はトウ寄りになる

軌道は打点位置に影響する。イン・トゥ・アウトで振るとヒール寄りに当たりやすく、アウト・トゥ・インで振るとトウ寄りに当たる。ツアー選手の平均データの「トウ側」の打点は、軌道に対して自然な位置でヒットしている証拠だ

ロフトを立ててアッパーブローで振り抜く

パターはロフト角が少ないが、ロフトを寝かせて打つのは最悪のミス（上）。ロフトを立てすぎて（下）もボールがスキップするので、コロがりが不安定になってしまう

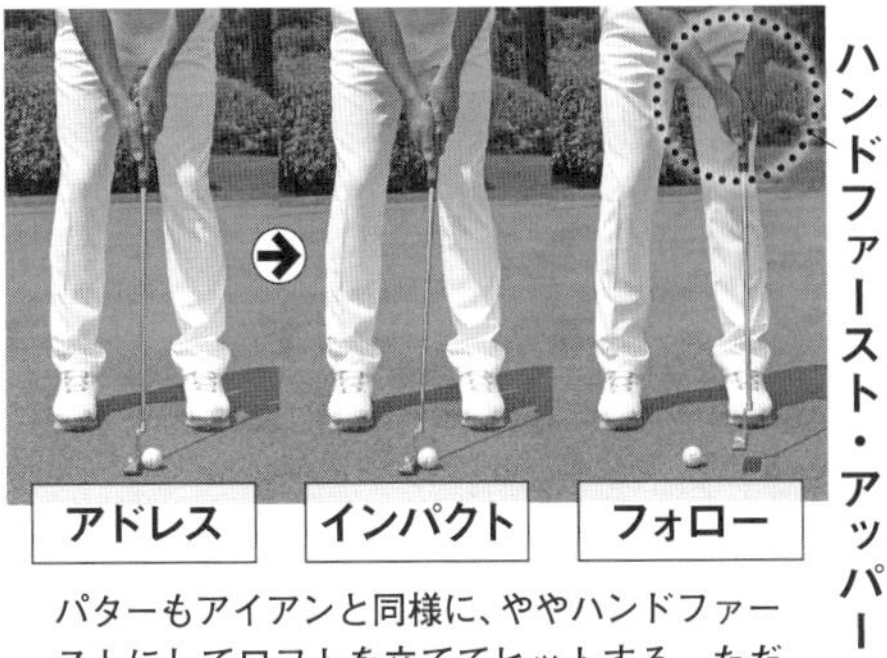

パターもアイアンと同様に、ややハンドファーストにしてロフトを立ててヒットする。ただし、これだけだとボールを地面に押しつけるインパクトになってしまうので、アッパーブローで振り抜き、打ち出しとコロがりをスムーズにしている

アッパーに振り抜くためにボール位置は左眼の真下

無理なくハンドファースト・アッパーで打つためには、ボール位置が重要。左眼の真下にセットすると、ハンドファーストもアッパーブローも作りやすい。実際にはこの位置しかないといったほうが正しく、ツアー選手ほぼ全員がこの位置にセットしている

ボール位置が右すぎると、アッパーブローでヒットできない（左）。左すぎるとハンドファーストで打てない（右）

ツアー選手の“同じ”には意味がある

グリップやストロークは違えど、ボール位置はみんな同じく“左眼の真下にセット”している。その理由は「ストローク」「インパクト」「ブロー角」などを理想値に近づけるのと、再現性を高めるため。プロの共通点にはそれぞれ合理的な意味合いがある

ヘンリク・ステンソン

ジャスティン・ローズ

ロジカル・パッティング

LOGICAL PUTTING

Part 6

距離感をロジカルに作る

適切なボールスピードは〝43センチオーバー〟

ストロークが決まったら、次はタッチ（距離感）を磨いていきましょう。実は〝入る距離感〟についてもデータ化され、欧米ではそれをもとに距離感を作ることが最新のティーチングとされています。左ページのグラフは、有名パッティングコーチのデーブ・ペルツ（P61、170）が著書『パッティングの科学』で発表した実験データです。この実験の詳細を説明すると、

●ボールがカップの向こう側に何センチオーバーするか距離を決める。その距離に合わせたボールスピードで正しいラインへコロがす
●カップまでの距離は3・6メートル、7・5センチ曲がるライン
●ヨコ軸はカップ奥の縁を0とし、12・7センチずつオーバーさせる距離を伸ばしていく
●タテ軸はカップインした確率（%）

実験の結果、もっともカップインの成功率が高かったのは「カップ奥から43センチオーバー」のボールスピード（追って説明しますが、距離感と同じ意味でもこの表現が使われます。スピードが距離を決めるという考え方です）でした。43センチというと、カップサイズでは約4個分、グリップ2本弱の長さ。「43センチもオーバーさせるの?」と思うかもしれませんが、このデータは欧米では信頼性が高く、距離感を作るうえでのベースとなっています。

【ボールスピードとカップインの成功率】

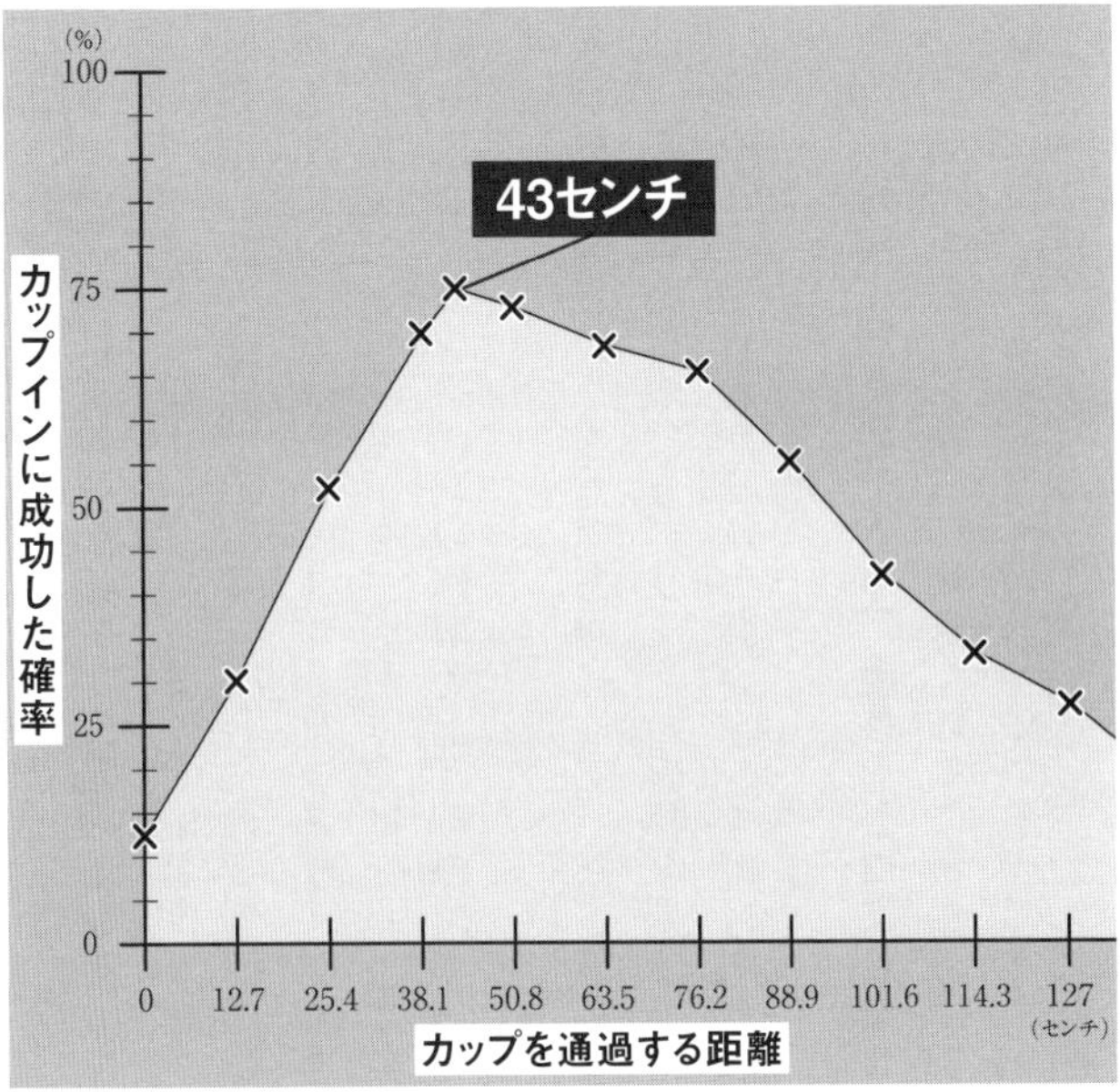

ショートは100％入らない。とはいえ43センチオーバーは強すぎないか？　という疑問にお答えしましょう。グリーン上のパッティングでは、均等な長さとは限らないたった1本の芝、部分的に変わる芝目の方向、ピッチマークやスパイクマーク、傾斜以外の地面の凹凸などによって、ボールのコロがりが不規則になります。そして、これらの要素に影響されてボールスピードは変化します。傾向としては、ボールスピードが弱まるケースが多いのですが、そうなるとラインを正確に読んで完ぺきに乗せても、曲がり方は変わってしまいます。これらの**不確定要素を可能な限り消し、カップインの確率を上げるのが、43センチオーバーの距離感**なのです。

43センチオーバーの距離感は、1メートル以内の短いパットでも徹底してください。「そんなに強く打っていいの⁉」と思うでしょうが、短い距離でもグリーンの影響を受けますし、実際、数十センチのパットでも43センチオーバーは怖がるほど強いタッチではありません。

カップをオーバーさせる距離感は、カップに確実に届くので入る可能性をゼロにしません。強めのタッチは曲がるラインを直線的に狙えるので、左右に大きく外すことも防げます。43センチオーバーには、成功率を高めるメリットがたくさん備わっているのです。

43センチオーバーは カップ上を通過する可能性が もっとも高まる

タッチに合わせてラインを読んでそのとおりに打っても、芝や地面の不確定要素の影響を受け、たとえラインに乗せても大きく切れたり、切れなかったりしてしまう。この点、43センチオーバーの距離感は、影響をもっとも受けないことが実験で証明されている

ヘッドが動くスピードを等速にする

理想のタッチは43センチオーバー。では、狙ったタッチどおりの距離感を出すコツをレッスンしましょう。ポイントとなるのは、ヘッドが動くスピードです。**テークバックからダウンスイング、フォローからフィニッシュまでのスピードをつねに一定にします。**バックスイングの速度に対してダウンスイングが遅いとか、その反対もNGです。ただし、ストローク全体が均等なら、速くても遅くても振りやすいスピードでOKです。

等速でストロークする理由は、インパクトの強さを一定にしたいからです。距離感にバラつきが出る人は、インパクトを「ボールをヒットして」作ろうとするのがミスの大きな原因。等速に振るにはリズムが大切なので、**自分の感覚のなかで一定のリズムを刻むことを習慣にしてください。**メトロノームなどでリズムを覚えるのも効果的です。また、グリップの項で握る強さを一定にすることが大事だと説明しましたが、これも等速で振るための大切なポイントです。

タッチが合わせない人は ストローク中に「遅い」が入りやすい

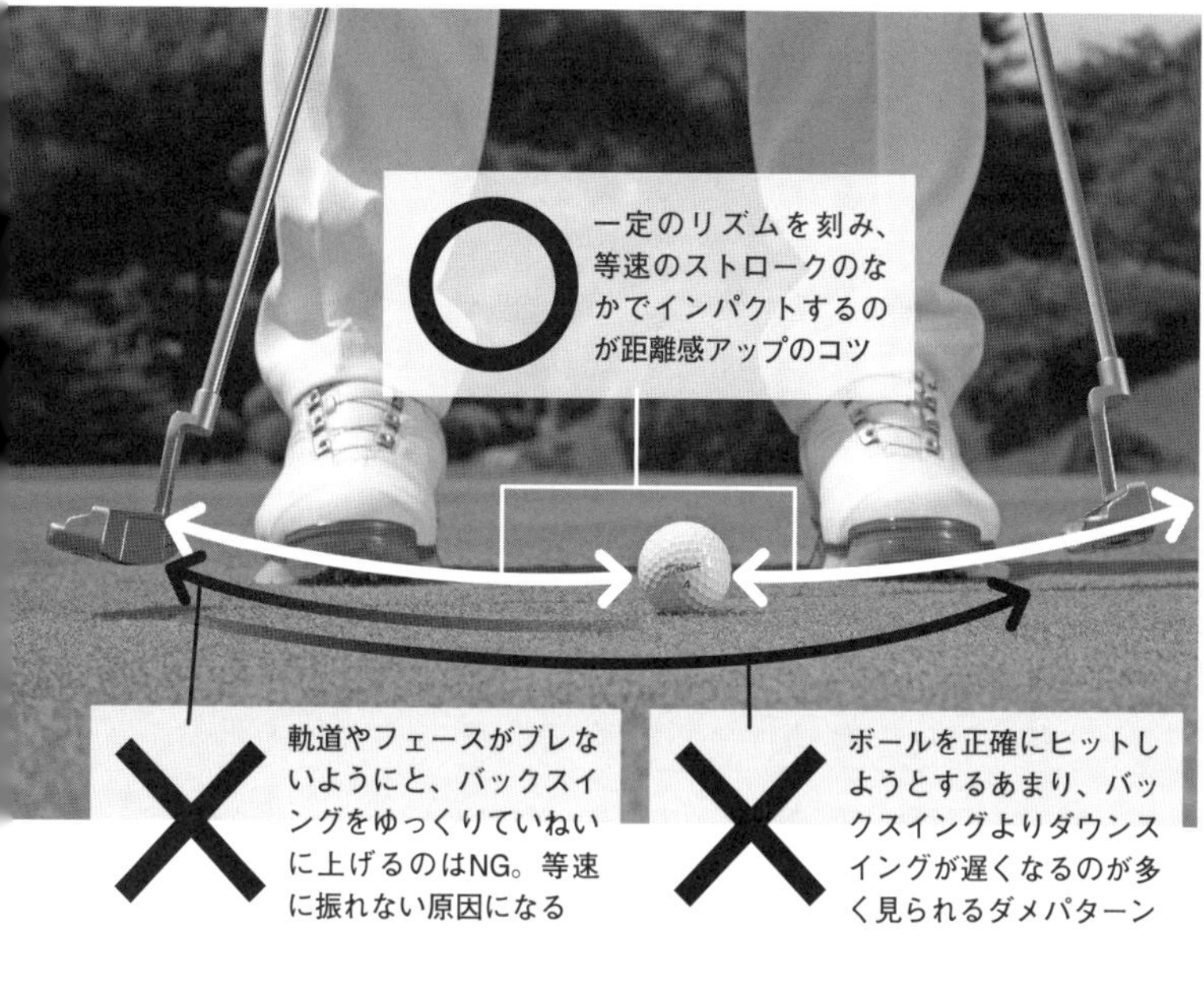
○
一定のリズムを刻み、等速のストロークのなかでインパクトするのが距離感アップのコツ
×
軌道やフェースがブレないようにと、バックスイングをゆっくりていねいに上げるのはNG。等速に振れない原因になる
×
ボールを正確にヒットしようとするあまり、バックスイングよりダウンスイングが遅くなるのが多く見られるダメパターン

ダウンスイングは加速をイメージ ロングパットはリズムを早める

距離感をよくするヘッドのスピードは、終始等速が基本。ただし、**とことん距離感が安定しない人には、ダウンスイングの加速度を上げる打ち方はアリ**です。

スピードの変化でもっともミスにつながるのは、ダウンスイングでの減速です。これはおもにカラダのゆるみが原因。フェース向きやロフト角がブレて方向性が狂うだけなく、カップまで届かないショートのミスが増えてしまいます。

カラダや手のゆるみを防ぐには、**ダウンスイングだけ少し加速をイメージするといいでしょう。ヘッドに勢いをつけることで、軌道もフェース向きも安定します。**

また、ロングパットは全体のスピードを上げて打ちます。それには、リズムを早めるのがコツ。振り幅を大きくして距離を伸ばそうとすると、大きく振り上げるほど軌道やフェースがズレてしまいます。**小さな振り幅でもリズムを早めてスピードを上げれば、ストロークの精度を下げずに長い距離に対応できます。**

ダウンスイングだけ加速度を上げるのはアリ

ゆるんでショートするのがもっとも悪いミス。等速が基本だが、
ゆるみ防止のためにダウンスイングだけ速くするイメージはOK

リズムを早めてスピードを上げ、長い距離を打つ

長い距離に対応するには、振り幅を大きくするのではなく、リズムを
早めるのがコツ。正確性が落ちない小さな振り幅でスピードを上げる

ボールスピードをイメージすればヘッドを振るスピードが決まる

距離感を高めるためには、ボールがコロがるスピードに注目してください。長い距離ならボールスピードは速く、短い距離なら遅くなりますが、このスピードを距離感に置き換えるイメージを作るのです。

等速でヘッドを振れば、ボールスピードはヘッドが動くスピードで決まることになります。つまり、**カップまでどのくらいのボールスピードでコロがすかをイメージすれば、ヘッドを動かすスピードは自然に決まってくる**のです。

そのために大事なのが、プレショットルーティンです。ボール後方からカップを見るのは、ライン読みのためだけではありません。ツアー選手はラインを見ながら素振りもしますが、このとき**ボールがライン上をコロがっていくスピードをイメージし、それに合わせてどれくらいの速さでヘッドを動かすかをイメージしているのです。**

もちろん、その素振りでもバックスイングからフィニッシュまでのスピードは等速。部分的に減速や急加速しないように振ります。

ボール後方での素振りはストローク・スピードを決める作業でもある

アドレスに入る前のルーティンで、ボール後方で行う作業はライン読みだけではない。ライン上をボールがコロがっていくスピードをイメージして、そのスピードに合わせたヘッドのスピードを素振りで予行練習する

振り幅の大きさの限界は くるぶしの高さまで

振り幅の限界は“くるぶしの高さ”まで。それよりも高くヘッドを振り上げると軌道やフェース向きが大きくズレやすく、ストローク中の修正もしにくくなる。長い距離はヘッドのスピードを上げて対応しよう

ロジカル・パッティング

LOGICAL PUTTING

Part 7

ラインの読み方

ライン読みの大前提はボールスピード

カップインの確率を高めるには、ライン読みも大切です。曲がるラインほど難易度は上がりますが、**大きく切れるラインになるほど左右の傾斜に意識をもっていかれ、〝グリーンの速さ〟を忘れてしまいます。**

「思ったより切れた」「全然切れなかった」。グリーン上でこんなことをいって自分のライン読みを反省することがありますが、ボールスピードははたしてどうだったでしょうか？　思ったより切れたときはタッチが弱くてショート、切れなかったときは強く打ちすぎてオーバーしていませんか？　曲がり幅が正確に読めても、タッチが合っていなければ読みどおりには曲がらない。つまり**ライン読みは、まずはスピードを読む（決める）のが大前提。そして、タッチ（ボールスピード）に合わせて曲がり幅を設定するのが、正しいライン読みの手順です。**

ボールの位置から「まずはスピードはどうなのか？　どうくらいのタッチでコロがすのか？」。曲がるラインは、このふたつから読みはじめましょう。

ラインが合っていてもタッチが合わなければラインから外れてしまう

カップインのラインが読めていても、タッチが合わなければ入らない。弱ければ予想以上に切れ、強ければ切れずにカップの横を抜けてしまい、読んだとおりに曲がらない

「やっぱり切れたか……」と反省しがちな速いグリーン

速いグリーンは、遅いグリーンよりむずかしい。これは〝速いグリーンほど大きく曲がる〟というのが理由のひとつで、ありがちなミスは「ラインを浅く読みすぎる」です。なぜ、グリーンが速くなると大きく曲がるのに、ラインをもっと膨らませられないのか？

下りのパットを例に説明しましょう。

下りのラインは、ボールスピードが速まります。**そこで真っ先に考えることが「大オーバーさせない」**で、**「速いと大きく曲がる」が頭から消えてしまうのです。**また「カップに触れないと大オーバーになる」と思うのも、ラインを大きく膨らます勇気がもてない原因のひとつ。その結果、ラインを浅く読んで失敗。じつは「もっと切れるかも」とわかっていながら正しい読みができずに、「やっぱり切れたか……」と反省する。速いグリーンでも、これと同じパターンが起こるのです。

速いグリーンは大オーバーしない距離感も大事ですが、**ライン読みでは「速い＝大きく切れる」という計算を必ず入れて、大きく膨らませるラインをとってください。**

スピードが速くなるラインは大きく膨らませて狙う

下りのラインや高速グリーンは、曲がりが大きくなることを忘れずに。いつもよりもラインを膨らませて狙う。実際に予想より切れなかったとしても、浅く読んでカップから遠ざかるより（×）気持ち的にラク。次打への安心感が得られるのもメリットだ

仮想カップをイメージするのか全体のラインをイメージするのか

曲がるラインの狙い方は、「ブレイクポイント（曲がりの頂点）の延長線上に仮想カップを設けて真っすぐ打つ」と「カップまでのラインを描いてボールを乗せていく」のふたつの方法が一般的です。実は、カップインの確率が上がるのは断然に後者。**カップまでのライン全体をイメージして狙うのが正解です。**これは統計としてもはっきり出ていることで、コロンビア大学ビジネススクールのマーク・ブローディ教授の実験によって、仮想カップをイメージするとライン上に打ち出せてもタッチが合わない、ラインよりも内側に打ってしまう、というデータが出ています。

カップに入るまでのライン全体をイメージした狙い方は、ラインを正確に読めるというメリットもあります。前述したとおり、曲がり方はボールスピードに影響します。**ラインを全体で読むと「あそこまではこのくらいのスピードでコロがして、コロがりが弱まってからこのくらい切れていく」と、ボールスピードまで計算に入れたライン読みができる。**その結果、読んだラインに合ったタッチで打てるので、距離感も合うようになります。

ラインのイメージはカップに入るまでの〝全体ライン〟を描いて狙う

カップまでのライン全体をイメージして狙う。仮想カップまで真っすぐ打つ狙い方より、タッチや方向性が合いやすく、ライン読みもより正確になる

マーク・ブローディ

コロンビア大学ビジネススクール教授。ニューヨーク州にあるゴルフ場の元クラブチャンピオンでもある。専門の数量ファイナンスをゴルフのスコア分析に応用し、今までにないゴルフの指標を打ち出して注目を集める。全米ゴルフ協会ハンディキャップ調査チームのメンバーも務める

もっとも曲がるのは「カップ奥斜め60度」

ピンハイにつくと「真横だからこれは切れるぞ！」と思いますが、**実はカップまわりでもっとも切れるのは「下りの左右60度」のラインです。**これは、パッティングコーチたちの共通認識となっていて、傾斜に切ったカップまわりのあらゆる角度から計測してみると、下りの60度がもっとも大きく切れる傾向にあることが広く知れわたっています。

先に「多くのアマチュアは、下りの速いラインを膨らませて打つ勇気がもてない」といいましたが、これを知ることで「カップ奥斜めからの下りの速いラインはとにかく曲がる！」と理解し、ラインを大きく膨らませて狙えるようになってください。**60度上についたときは、いつもの読みの倍くらいラインを膨らませてもいいでしょう。**

こうやって〝傾向〟を知り、それを〝実践〟して経験値を増やす。パッティングはもちろん、ゴルフはこのふたつの融合と積み重ねがスピード上達へとつながる重要なファクターなのです。

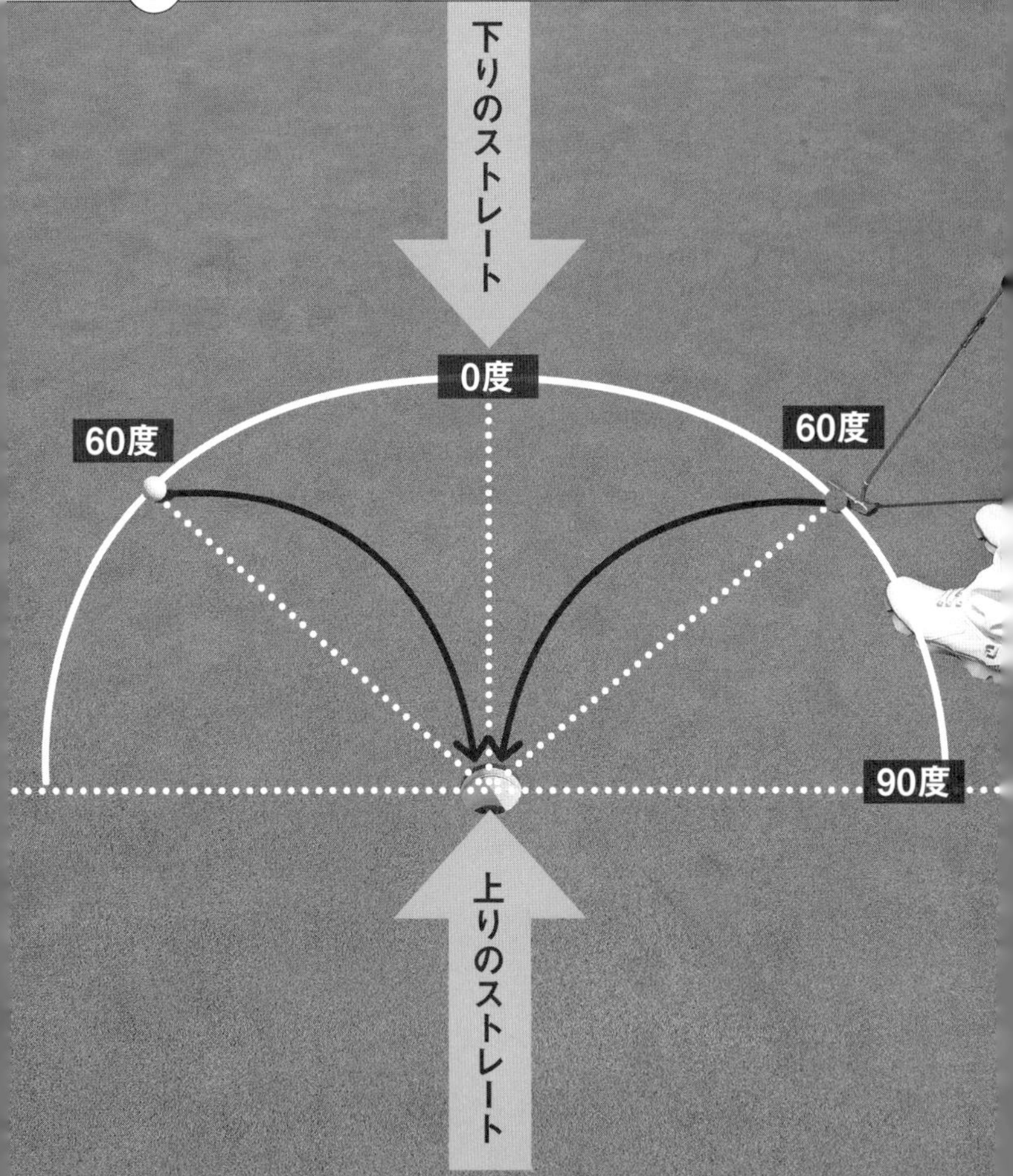

下りの60度は大きく切れる!

もっとも切れるラインは、真横ではなく「下りの60度」と実験によって証明されている。大胆にラインを膨らまして狙わないと入らない

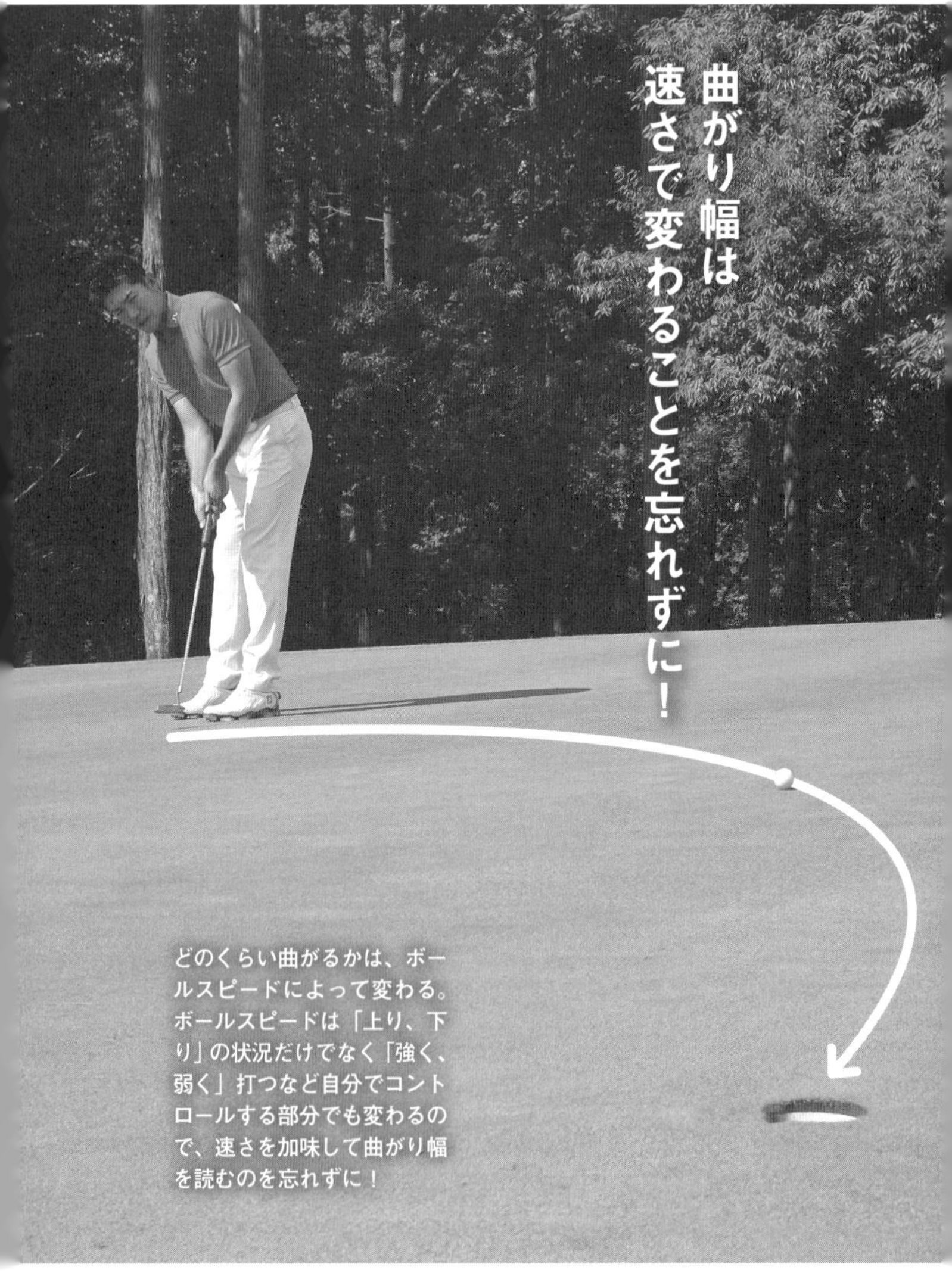

曲がり幅は速さで変わることを忘れずに！

どのくらい曲がるかは、ボールスピードによって変わる。ボールスピードは「上り、下り」の状況だけでなく「強く、弱く」打つなど自分でコントロールする部分でも変わるので、速さを加味して曲がり幅を読むのを忘れずに！

ロジカル・パッティング

LOGICAL PUTTING

Part 8

メカニカルな動きを覚えるドリル

Drill 1

ストローク軌道ドリル

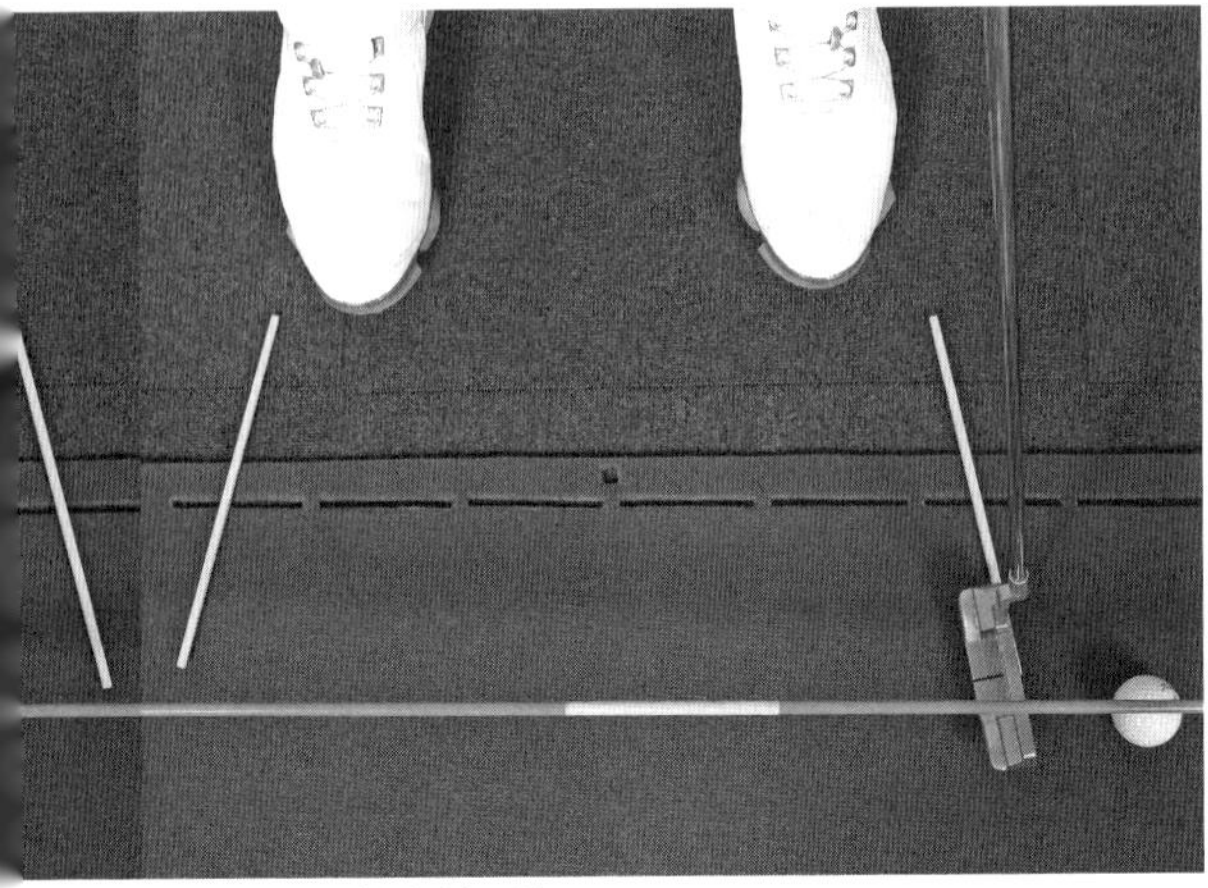

フォロー側も割り箸に合わせて、正しい振り子ストロークを習得

この章ではパターマットを使い、室内でもできる練習法を紹介します。

まずは2本の割り箸を使ったドリル。バックスイングとフォロー側に割り箸を1本ずつ置きます。上の写真の割り箸の置き方は、振り子派のケース。ターゲットラインよりもカラダ寄りの位置に、自分から見て逆ハの字にセットしてください。ストロークの際はこの割り箸の位置にヘッドを、逆ハの字の向きにフェースアングルを合わせる。すると、振り子ストロークの特徴であるフェースを開閉ながらのイン・トゥ・イン軌道がマスターできます。割り箸に合わせるときは手先を使わず、必ずカラダを支点とした振り子運動で合わせましょう。

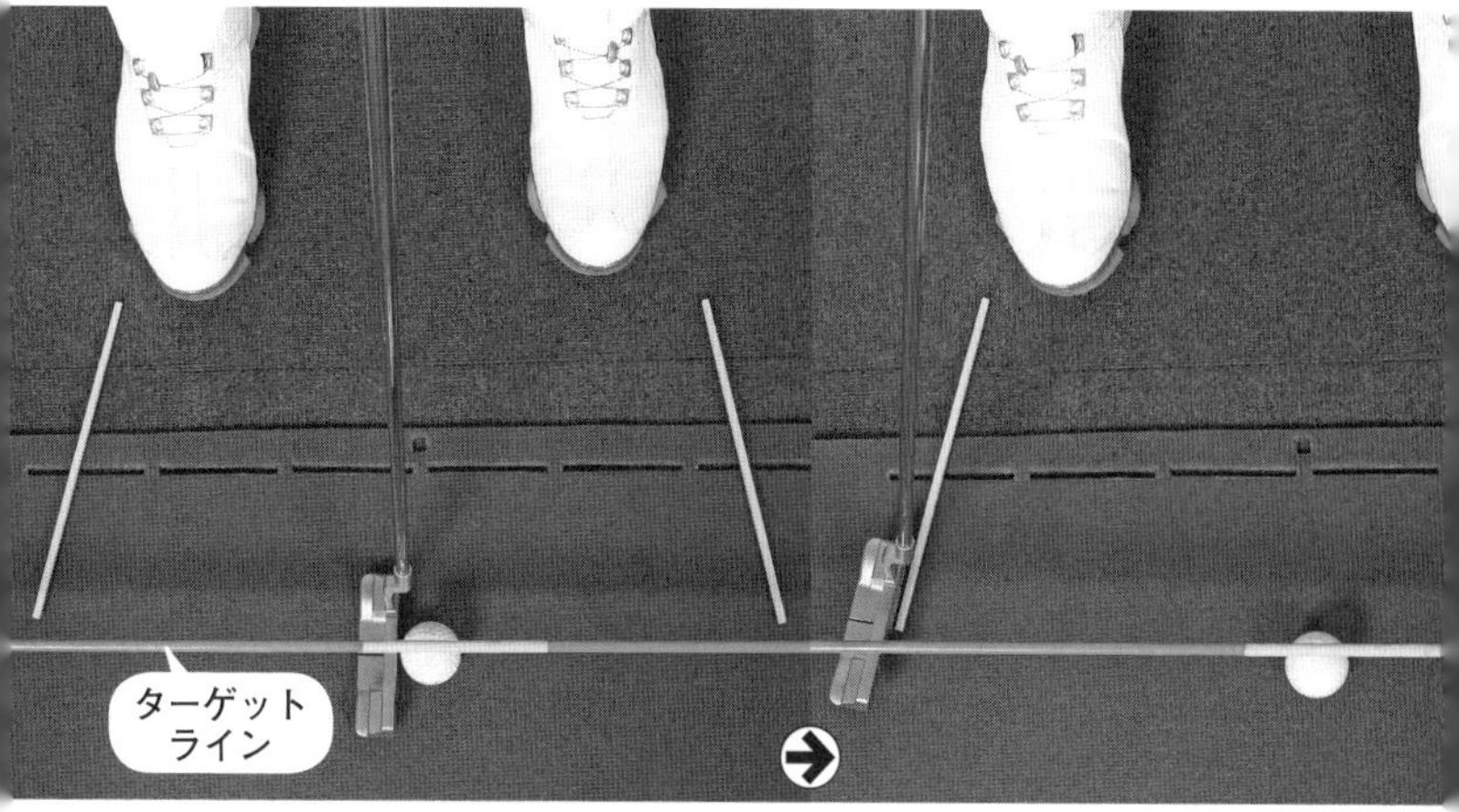

バックスイングとフォロー側に割り箸を1本ずつ逆ハの字にセット

バックスイングして割り箸にヘッドとフェース向きを合わせる

2本の割り箸に
ヘッドとフェース向きを合わせる

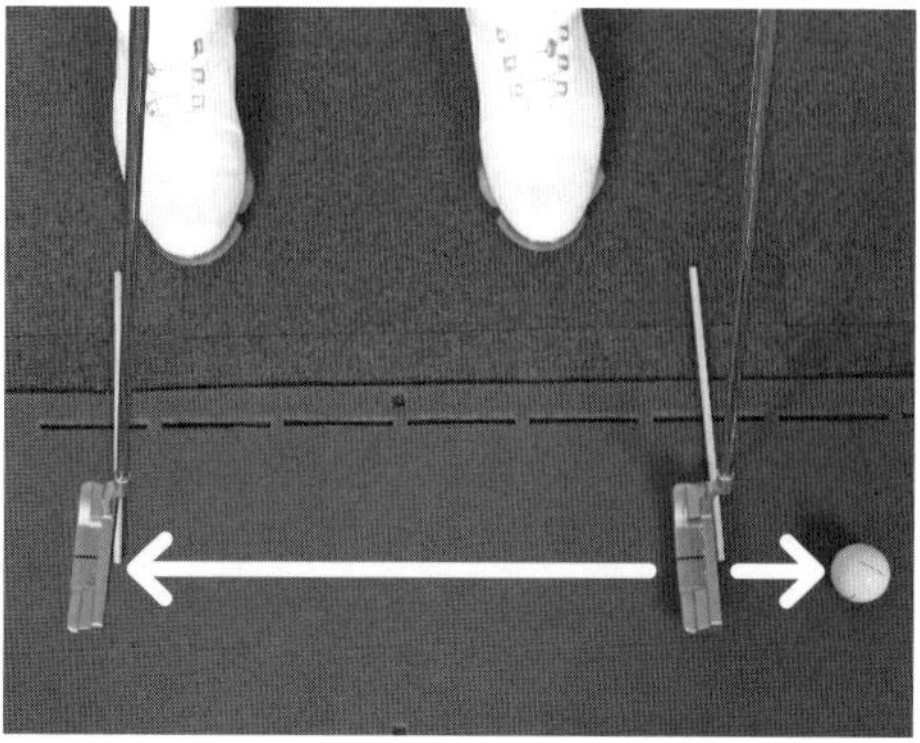

直線ストロークの場合もヘッドとぶつからないように、割り箸の位置はカラダ寄りでOKだが、向きは直角にセット。ストローク軌道は真っすぐ。フェース向きは割り箸の向きに合わせてスクエアをキープしたまま振る

Drill 2

ゲートドリル

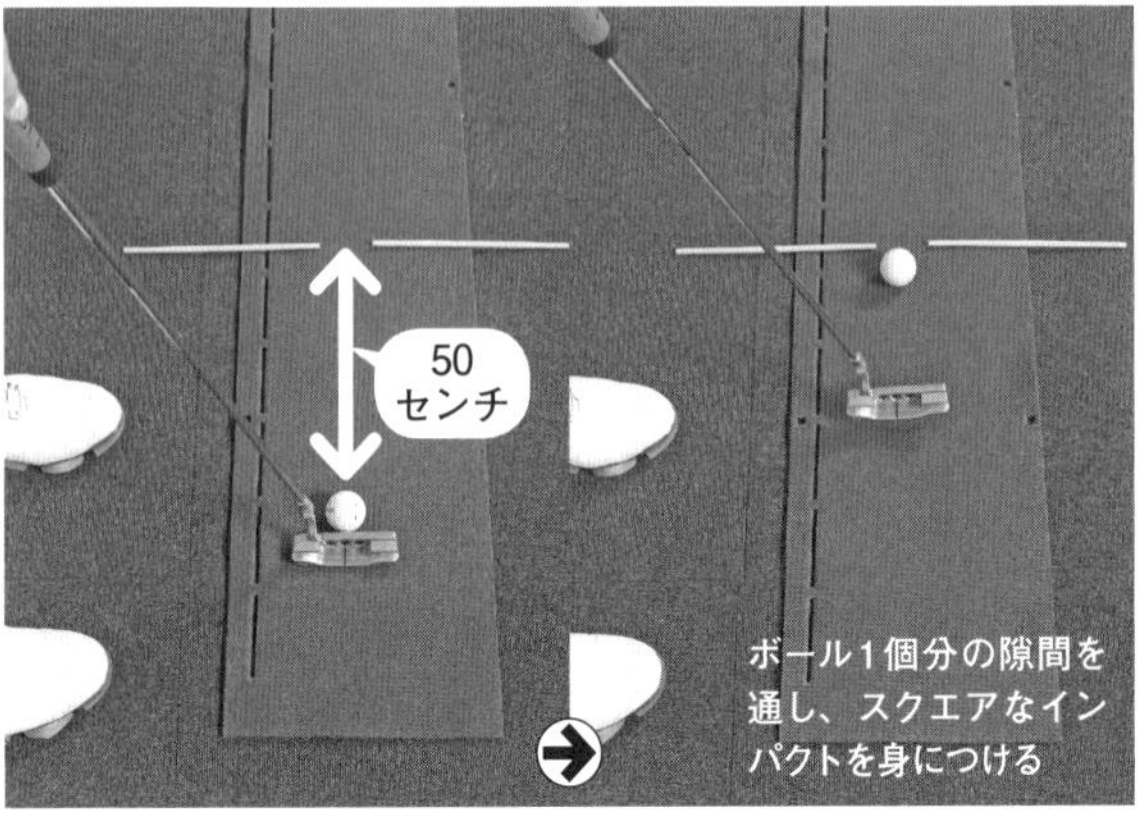
50
センチ
ボール1個分の隙間を通し、スクエアなインパクトを身につける

50センチ先のボール1個分のスペースを通す

割り箸を50センチ先に置いて、2本の間にボール1個分の隙間をあけたゲートを作ります。打球をその間に通すことで、正確な打ち出し方向がマスターできるドリルです。

フェース向きが少しでもズレると割り箸に当たってしまうので、スクエアフェースでヒットする。打球がズレた方向によって、フェースがかぶりやすい、開きやすいという自分のクセをつかむこともできます。

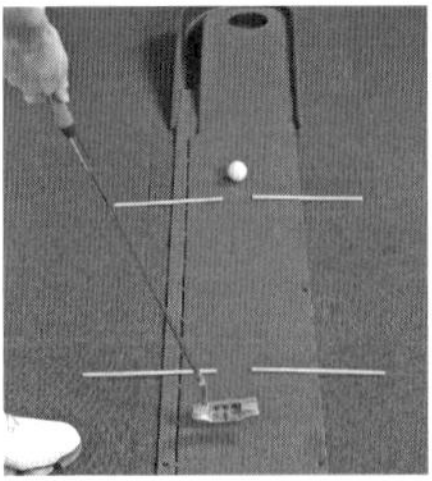

50センチが通るようになったら、1メートル先にも同じゲートを作る。ふたつのゲートを通すには、より正確なスクエアヒットが必要となる

Drill 3

ミラードリル

鏡に映った目線の位置や角度を最後まで変えない

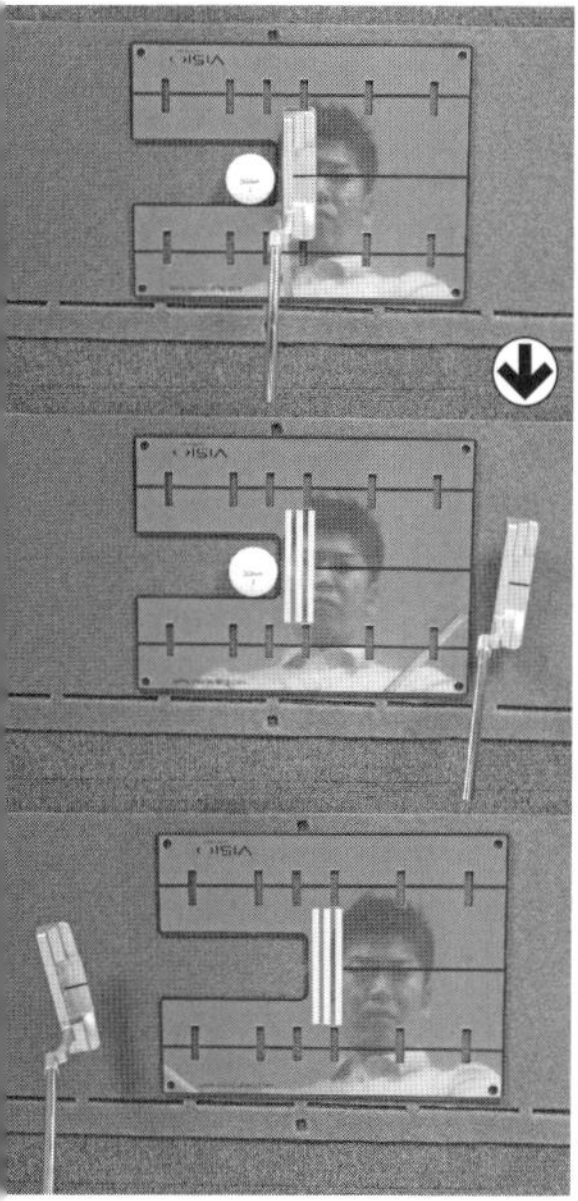

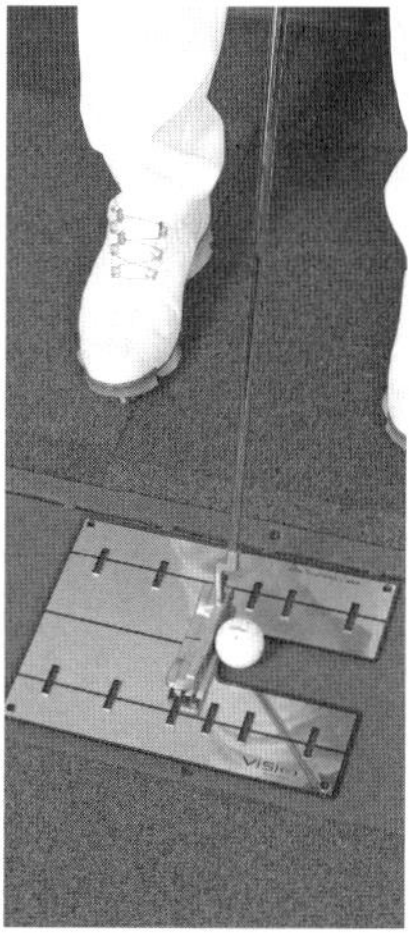

鏡に映った両眼をターゲットラインにセット。バックスイングからフィニッシュまで位置や角度を保ったまま振る

鏡は、ぜひ使ってほしい練習アイテム。ゴルフ用に売っているものでなくてもいいので、手鏡などをマットに置いて顔を写してください。

練習の目的は、目線の位置と角度のチェックです。両眼を結んだラインをターゲットラインに合わせることはもちろん、ストローク中も位置や角度を変えずに振り続ける。カラダの向きだけでなく、ストロークのブレを防ぐ練習ができます。

×

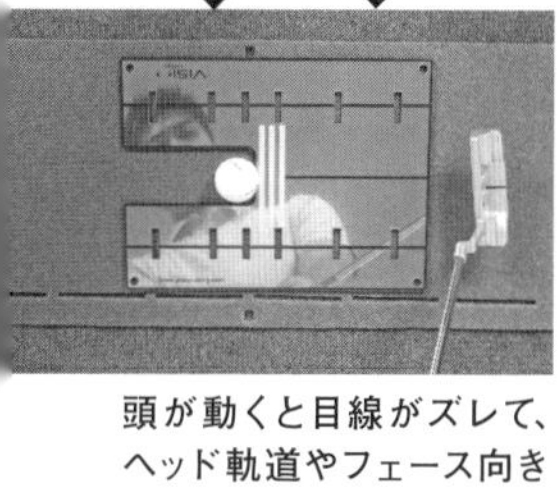

頭が動くと目線がズレて、ヘッド軌道やフェース向きもズレてしまう

Drill 4

片手打ちドリル

右手1本は手首の角度キープ 左手1本はヘッドを真っすぐ

片手ドリルは、振り子や直線ストロークを磨くのに最適です。振り子ストロークでは手首が折れるとフェース向きやロフトが変わってしまうので、右手1本打ちで右手首の角度キープを意識して打ってください。

左手1本打ちは、直線ストロークの肝である左手リードが身につくドリル。ヘッドを左手だけで、長く真っすぐ出しながら打ちましょう。

右手1本打ち

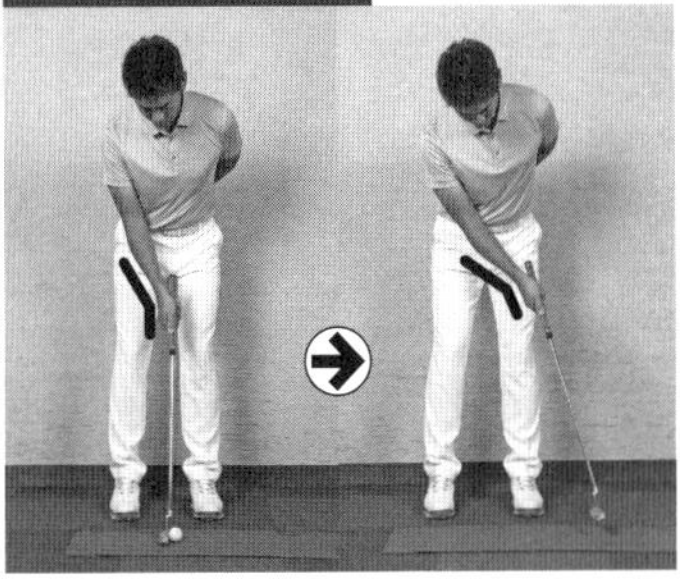

アドレスでできた右手首の角度を、フィニッシュまでキープする意識を強くもって打つ

左手1本打ち

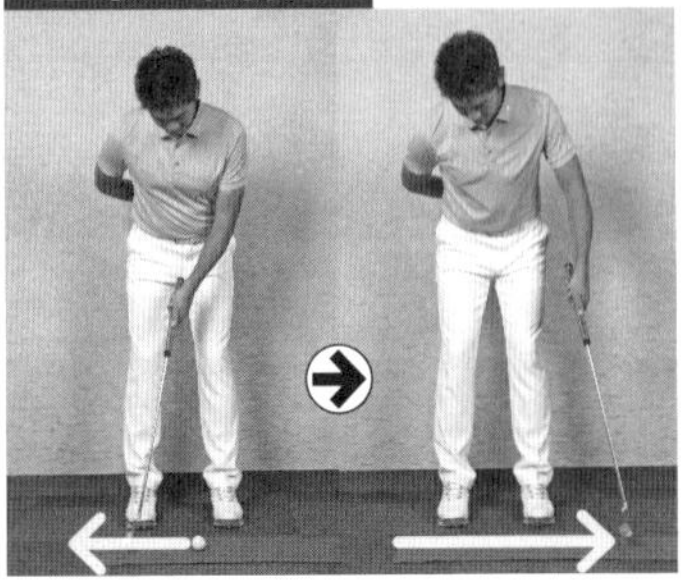

バックスイングを真っすぐ引いたら、フォローも手元と一緒にできるだけ真っすぐ長く出す

Drill 5

43センチドリル

目印から43センチ先のマットの端にボールを止める

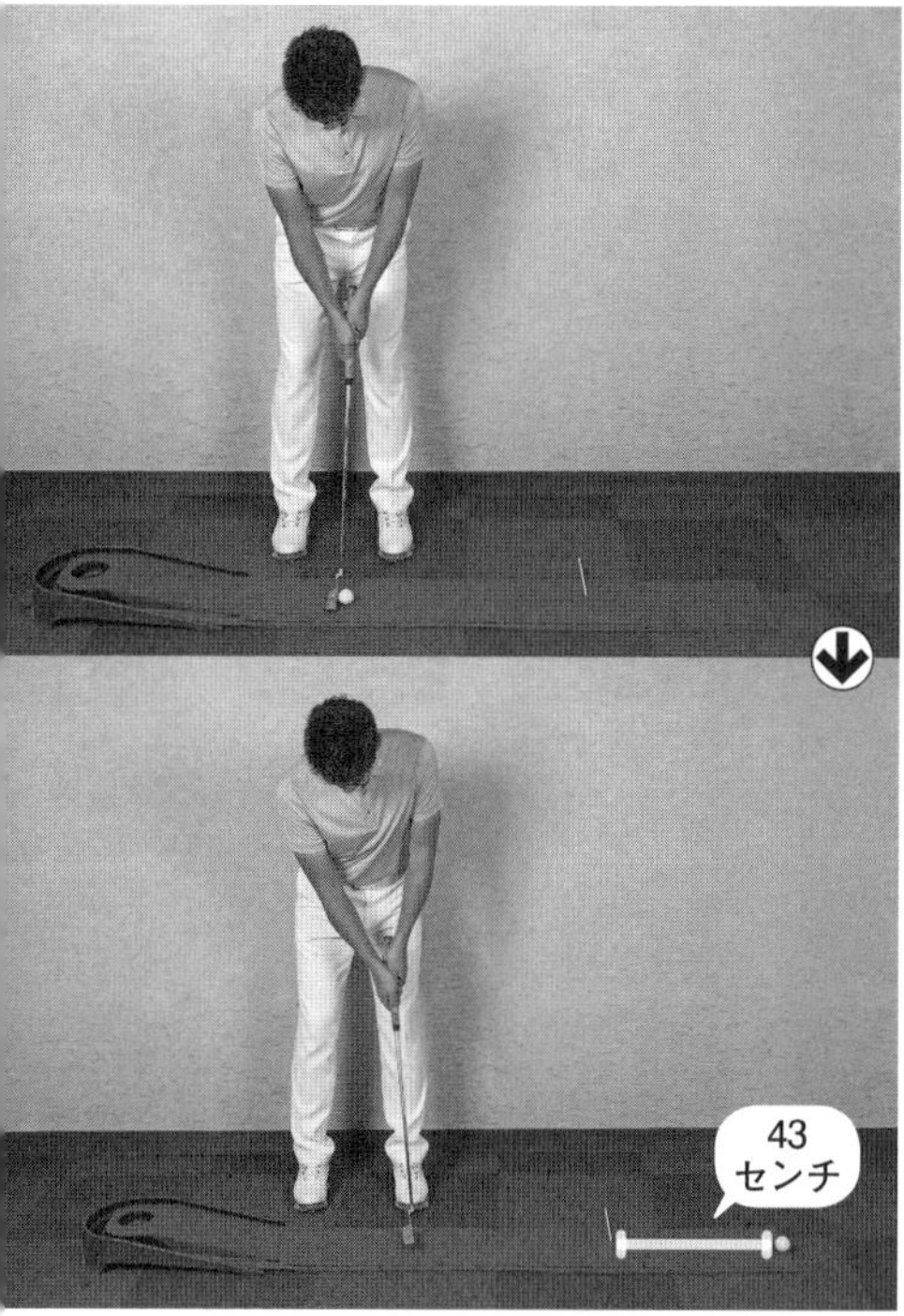

仮想カップとなる目印からマットの端までが43センチ。マットの端ギリギリでボールを止めて、入る確率がもっとも高い「43センチオーバー」の距離感を覚えよう

芝の影響など不確定な要素をもっとも受けないのが、43センチオーバーのボールスピード。この距離感をつかむには、パターマットのカップ側とは反対に打つドリルがおすすめ。

マットの端から43センチ手前に目印を置いて、カップ位置を設定。ボールがその目印を通過してからマットの端でピッタリと止まる強さで打てば、43センチオーバーの距離感が身につきます。

Drill 6

ルックアップドリル

ボールを見ないでストロークのなかでヒット

ボールを見ずに、カップを見たままストローク。インパクトを作ろうとしないため、ストロークがスムーズになる。ボールのコロがりもスムーズになって意図した距離感が出せる

最初から顔をカップに向けて、ボールを見ないで打つドリルです。インパクトでボールをヒットしようとか、フェースの向きを合わせようとする意識が強いと、逆にヘッドのブレが起こってしまいます。

ボールを見ないとインパクトを作ろうとしなくなるので、「振った結果、ヘッドに当たる」という意識でストロークだけに集中でき、スムーズなコロがりを出せるようになります。

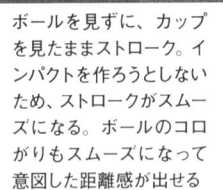

Drill 7

ラインドリル

目の下のシャフトとラインを合わせたまま振る

片手で持ったシャフトを顔の下に添えて、ラインに合わせる。目線はシャフトとボールが平行に重なって見える位置にセット(写真下)。この見え方を変えずに打つ。シャフトとクラブを持つ手を入れ替え、片手ずつチェックしてみよう

パッティングは正しい構えもストロークも、目線によるところが大きいです。この目線を正すのがラインドリル。ボール左右の手前と奥に割り箸を4本置いて真っすぐなラインを強調したら、顔の下に添えたシャフトをそのラインに合わせ、目線をスクエアに合わせます。

ストロークは片手で行い、シャフトの見え方が変わらないように打てば、目線がスクエアを保っているということになります。

世界のトップ選手が信頼を寄せる有名パッティング・コーチ

本書の目的のひとつである〝入る確率を上げる〟「振り子」と「直線」のストローク。または双方がもつ長所のいいとこどりを推奨するパッティングコーチたちを改めて紹介しよう。その卓越した知識とロジカルな指導は、最高峰の舞台で戦う選手たちから絶大な信頼を得ている。

【振り子推奨コーチ】

マイク・シャノン

ジョージア州シーアイランドにあるゴルフパフォーマンスセンターを拠点に活動中。米国ゴルフダイジェスト誌「全米トップ50コーチ」に選出される。マット・クーチャー、ザック・ジョンソン、デービス・ラブⅢなどのPGAツアープレーヤーを勝利に導く。TOMIシステムを使用し、アドレスの数値化を行うロジカルな指導方法は、高い再現性を実現する。

スタン・アトレー

ショートゲーム・インストラクターとして、米国ゴルフダイジェスト誌「全米トップ50コーチ」に名を連ねる。ダレン・クラーク、セルジオ・ガルシア、スコット・ピアシーなどのPGAツアープレーヤーを指導し優勝へ導く。リストアクションが多めのパッティングや、下半身を使ったアプローチなど独自のティーチングメソッドを展開している。

【直線推奨コーチ】

デーブ・ペルツ

大学のゴルフ部に在籍中、ジャック・ニクラウスとの対戦で22戦全敗し、プロゴルファーを諦める。その後NASA(アメリカ航空宇宙局)で国際衛星計画の主任研究員になるも、ニクラウスに勝てなかった悔しさを晴らすために研究を重ね、ショートゲーム・パッティングコーチに転身。フィル・ミケルソンのマスターズ制覇に貢献。ミッシェル・ウィーなどの指導を行う。

デーブ・ストックトン

選手しては、メジャー大会5勝(全米プロ2回、全米シニア1回、シニアプレーヤーズ選手権2回)、PGAツアー11勝、チャンピオンズツアー14勝の実績を誇る。1991年のライダーカップでは米国チームのキャプテンを務め見事に勝利。感覚派のコーチで、ローリー・マキロイ、フィル・ミケルソンにイメージや感性を重視した指導を行った。

【中間派コーチ】

フィル・ケニオン

ローリー・マキロイ、ヘンリク・ステンソン、ジャスティン・ローズなどのヨーロッパ選手を多く指導。SAMパットラボやボディ・トラックのほか、独自に開発した練習器具を使用した指導が得意。実験と検証によって導き出したハロルド・スウォッシュ・インストラクタープログラムを用いてインストラクター教育も行っている。

マリウス・フィルマルター

南アフリカ出身で、テキサス州ダラスを拠点に活動中。タイガー・ウッズ、アーニー・エルス、ビジェイ・シンなどのパッティングコーチを務め、幾多のメジャータイトル獲得に貢献。SAMパットラボ、TOMIなどのパッティング分析システムの開発に携わり、ツアープロのデータ分析と収集から導き出した指導力に定評がある。

おわりに

先日、自宅の物置の奥にひっそりとたたずむ長尺パターを見つけました。自作でヘッドに書き入れたラインや、長さを調整したグリップ……。選手時代、パッティングに苦しんだ私は、藁をもつかむ思いで長尺パターを握ったのです。久しぶりに昔の戦友と再会したような気持ちになり、引っ張り出して振ってみると当時のさまざまなことを思い出しました。

長尺パターに替えてからも私のパッティングは改善されず、うまくいかないことや辛いことばかりでした。でも、不思議とそれらの苦い経験が今では良い思い出になっています。それは、私自身があのときの悔しさや辛さを乗り越えることができたからだと思います。

パッティングに悩み抜いた経験に私は動かされ、パッティングの真理を追究するために世界中を飛び回ったのだと思います。そして、今まで知らなかった世界の指導方法を学び、自分と同じようにパッティングで悔しい思いをしているゴルファーを上達へと導くお手伝いができるようになりました。

今では、この戦友とともに過ごした試練に感謝しています。

みなさん自身も実感しているように、ゴルフはすぐにはうまくなりません。「昨日できたことが今日はできない」「いつまでたってもうまくならない」。ゴルフ上達は、いばらの道です。

そんな険しい道を、良い方向へと導いてくれるもの……。それは「知識」です。特に中級レベル以上になるためには、適切な知識が欠かせません。上達のための知識があれば、必要のない試行錯誤をしなくて済みますし、間違った練習をして足踏みするストレスを感じることもないのです。

ただ、世の中にはゴルフレッスンに関する情報が溢れかえっています。そのため、玉石混合の情報の中から、適切な知識を選択することが必要になります。

このとき必要な判断基準は「事実に基づいているのか」ということです。個人の感覚や、その人自身がうまくなった経験話ではなく、実験、検証を経て得られた「事実」なのかを確認してほしいのです。実験検証で得られたデータを知ることは、みなさんのゴルフを改善する近道になるのです。

本書では数々のデータをご紹介しましたが、もしかしたらみなさんは厳しい現実に直面したかもしれません。「狙っていい距離がそんなに短いのか」「そんなに入る確率が低いのか」……。そう落胆した方もいるでしょう。

しかし、現実を知らないまま暗中模索するほどムダなことはありません。事実を受け入れ、自らを変えることができる人が、上達の喜びをつかめるのです。

私がゴルフの指導者になってよかったと思う瞬間は、指導するゴルファーのゴルフが変わったときです。特に心構えや考え方が変わったとき、私は最高の報酬を得られたと感じます。それは、目に見える結果よりも、はるかに大事なものだからです。自らを改善できた自信と喜びを感じることができたとき、ゴルフは必ず上達しています。年齢、体格、素質などはまったく関係ありません。

ぜひ本書をヒントに、実行に移してください。コースで自分を助けてくれるのは、最終的には自分自身です。それができるように、自分の武器を磨いてください。

そして、もしうまくいったら、私に知らせてもらえたら最高の喜びです。一緒に祝杯をあげましょう。
あなたのゴルフ人生の成功を、心よりお祈りしています。

2017年9月　吉田洋一郎

『ロジカル・パッティング』
特典映像配信!

下記URLにアクセスして必要事項を登録すると、本書の特典映像が見られます。レッスン内容を動画でより深く理解し、世界標準のパット術をマスターしよう!

www.hiroichiro.com/logicalputting

著　者　**吉田洋一郎**（よしだ・ひろいちろう）

世界の最新理論に精通するゴルフスイング・コンサルタント。世界屈指のコーチであるデビッド・レッドベターのレッスンメソッドを学んだ後、5年で30回以上の海外視察を行い、米PGAツアー選手を指導する80人以上のゴルフインストラクターから直接指導を受ける。その他に著名なゴルフ指導者200名以上の講義を受け、SAMパットラボ、ハロルド・スウォッシュなどPGAツアーコーチが所持するパッティング理論の資格を含む21のゴルフ理論の資格をもつ。ツアープロ、シングルプレーヤーを中心に多くのゴルファーを指導する。JGSI主宰。北海道出身。

オフィシャルブログ　http://hiroichiro.com/blog/

●『ロジカル・パッティング』特典映像配信！
www.hiroichiro.com/logicalputting

ワッグルゴルフブック

世界標準《せかいひょうじゅん》　シングルになれるパット術《じゅつ》
ロジカル・パッティング

2017年9月7日　初版第1刷発行

著　者……………吉田洋一郎
発行者……………岩野裕一
発行所……………株式会社実業之日本社
〒153-0044 東京都目黒区大橋1-5-1 クロスエアタワー8階
電話（編集）03-6809-0452
（販売）03-6809-0495
ホームページ………http://www.j-n.co.jp/
印刷・製本…………大日本印刷株式会社

ISBN978-4-408-33727-2（第一スポーツ）